de derrotada a
poderosa

Eli Davidson

Tradução Nilza Laiz Nascimento da Silva

créditos

Título da edição original: Funky to fabulous
English edition copyright © 2007
by Oak Grove Publishing. All rights reserved
by Elizabeth Davidson

Direitos da edição em Português © 2009.
Editora Vida & Consciência Ltda.
Todos os direitos reservados.

Projeto Gráfico: Luiz A. Gasparetto e Daniel P.
Coordenação Editorial: Gabriela Nascimento
Preparação e Revisão: Fernanda Rizzo Sanchez

2ª edição — abril 2009
5.000 exemplares

Dados Internacionais de Catalogação na Publicação (CIP)
(Câmara Brasileira do Livro, SP, Brasil)

Davidson, Eli
De derrotada a poderosa / Eli Davidson;
[tradução Nilza Laiz Nascimento da Silva] --
São Paulo : Centro de Estudos Vida & Consciência Editora.
Título original: Funky to fabulous
Bibliografia.
ISBN 978-85-7722-041-0
1. Autoestima 2. Autorrealização 3. Conduta de vida 4. Felicidade 5. Sucesso I. Título.

08-12360   CDD-158.1

Índices para catálogo sistemático:
1. Autoestima : Psicologia aplicada 158.1 - 2. Mudanças : Vida pessoal : Psicologia
aplicada 158.1 - 3. Sucesso : Psicologia aplicada 158.1

Publicação, distribuição, impressão e acabamento
Centro de Estudos Vida & Consciência Editora Ltda.
Rua Agostinho Gomes, 2312
Ipiranga – CEP 04206-001
São Paulo – SP – Brasil
Fone/Fax: (11) 3577-3200 / 3577-3201
E-mail: grafica@vidaeconsciencia.com.br
Site: www.vidaeconsciencia.com.br

Sobre a autora

É conhecida nos EUA como especialista na arte do desenvolvimento pessoal. Chamada em Hollywood de "a nova voz da autoajuda", ela participa de programas de televisão e rádio dando dicas, e é palestrante requisitada em todo o país. Com 17 dólares e uma pistola de cola quente, abriu uma empresa de design e, em quatro anos, atingiu 1,5 milhão de dólares em vendas. Depois de trabalhar com afinco, porém sem muita engenhosidade, em apenas dezoito meses ela viu seu casamento ruir, perdeu sua empresa e a saúde, ficando com uma dívida de 88 mil dólares... e sem nenhuma ideia para resolver o problema. Nos quatro anos seguintes, ela fez mestrado em psicologia espiritual, saldou suas dívidas e trocou uma casinha de fundos por uma mansão de um milhão de dólares. As pessoas começaram a pedir que ela contasse como tinha conseguido isso. Em pouco tempo, ela estava dando consultoria para empresários e líderes do mundo corporativo e do entretenimento. Suas entusiasmadas apresentações fazem o público se levantar das poltronas e participar. A mesma mágica combinação de inspiração e coragem desencadeia mudanças notáveis na vida de seus clientes.

sumário

Confissão
envergonhada
da autora

"Vejamos se você é capaz de andar pela 6ª Avenida sem se criticar". Não tenho a mínima ideia de por que tal pensamento brotou na minha mente numa abafada tarde de "julho-em-Nova-York". Talvez porque eu estivesse farta do Comitê de Críticas tocando a sua trilha sonora durante cada período meu de vigília. Eu tinha uma censura interna tamanho família. Inesperadamente, decidi fazer um jogo interno para ver por quanto tempo eu resistiria sem uma autoconversa negativa.

À medida que eu atravessava a rua pegajosa (as ruas realmente ficam grudentas nos dias quentes de verão, na Big Apple), sentia a minha meia-calça roçando: "Você é gorda, gorda. Gooooorda!" — gritava o Comitê de Críticas em minha cabeça. Puxa. E olha que eu nem tinha chegado à faixa branca central.

Perdi minha aposta — e decidi que já era hora de começar a aprender a me amar.

De derrotada a poderosa começou na esquina da rua 57ª com a 6ª Avenida em julho de 1981. Não é o mais glamoroso dos endereços, mas foi naquela intersecção de ruas que este livro realmente nasceu. Não ser capaz de atravessar uma rua sem me xingar me enviou para uma jornada de vinte e cinco anos. Eu realizei visualizações criativas, afirmações, workshops para aprender a me perdoar, seminários para *insight*, trabalhos de energização, caça ao tesouro e retiro para meditação. Sim, eu sou meio esotérica, meio excêntrica.

Usando as técnicas que aprendi, comecei a dar uma reviravolta em minha vida. Larguei meu namorado barão, estilo *euro-trash*, que era especialista em cheques sem fundo. Em vez de buscar minha autovalorização em um pomposo sangue azul, comecei a buscá-la em mim mesma. Alimentei meu sonho, ou ilusão, de me tornar atriz. John Madden (que ganhou um Oscar por Shakespeare Apaixonado) escreveu um papel numa peça especialmente para mim. Eu era a namorada de Michael Fox em Family Ties*.

---

* Nota da Tradução: série que no Brasil foi exibida pela Rede Globo com o nome de Caras & Caretas.

Participei de comerciais onde persuadia os consumidores sobre as delícias de um pão ou do suco de *cranberry*. Então, mudei-me para Los Angeles, onde descobri que no mundo da TV eu era o tipo da garota que eles simplesmente adoravam matar na tela. Morri muitas vezes.

Utilizei novamente aquelas técnicas quando comecei um negócio com apenas 17 dólares e uma pistola de cola e, finalmente, construí uma empresa que vendia 1,5 milhão de dólares de acessórios para mulheres. Vocês se lembram dos frufrus de cabelos e das presilhas decoradas com flores? Então, eram meus. Depois disso... puxa! Eu estava me achando a tal, tão importante, que ignorei tudo o que eu já havia aprendido anteriormente.

Tempo das Vacas Magras

Num período de dezoito meses, perdi meu casamento, meus negócios e minha saúde. Eu tinha 88 mil dólares de dívida no meu cartão de crédito corporativo. E nenhuma solução. Aqueles foram os Tempos das Vacas Magras. O que eu mais queria era cair num sono profundo e acordar na pele de outra pessoa. Não tive tal sorte.

Uma flor mudou minha vida. Um dia eu fiz algo diferente (esta é uma dica). Diminuí o ritmo (outra dica) e fiz algo só para mim (a grande dica). Eu me dei uma frésia amarela de presente a caminho do trabalho. Olhar para aquela flor minúscula e feliz num copo descartável na minha mesa de trabalho fez-me abrir em sorrisos o dia todo. Naquela noite, coloquei uma música e dancei à luz de vela em vez de me empanturrar de sorvete. Foi assim que as Técnicas da Grande Virada nasceram. Dar nem que seja um passo mínimo para se fortalecer, é uma estratégia de sucesso poderosa. Mesmo que pareça tolice aos olhos de outra pessoa.

Aparentemente, mudanças minúsculas deram-me o impulso necessário para começar a fazer outras escolhas positivas. Eu me matriculei num curso de mestrado em psicologia espiritual na Universidade de Santa Mônica — embora eu não tivesse a menor ideia de como iria pagá-lo. Um médico me pediu para ajudá-lo a divulgar seu serviço. Tudo bem, e daí? Eu sabia vender acessórios, por que não um serviço médico? Logo, mais médicos solicitaram minha ajuda.

Em pouco tempo eu estava dirigindo uma Mercedes em vez de um Honda emprestado e barulhento. Utilizando as técnicas que eu estava aprendendo na Universidade Santa Mônica, eu liquidei a maior parte das dívidas e me mudei de uma casa compartilhada para uma casa maravilhosa. Minha renda duplicou, triplicou, e depois quadruplicou.

As pessoas queriam saber como eu tinha conseguido e me pediam para ajudá-las. Foi o que fiz. Elas descobriram que as estratégias de sucesso funcionavam. Uma cliente dobrou sua renda em menos de seis meses. Ela contou para os seus amigos. Mais clientes buscando aconselhamento vieram. Pessoas muito audaciosas se sentiram atraídas pelo Treinamento para o Autêntico Sucesso. Em menos de dois anos, eu estava trabalhando com donos de empresas, produtores ganhadores de Emmys e Grammys e um dos membros fundadores do FedEx. Eu estava treinando pessoas do mais alto escalão pelo país todo, e me tornando uma aprendiza aplicada, testemunhando o surpreendente processo de cada pessoa. Aprendi muito com meus incríveis clientes.

Um dia, um sacerdote de uma igreja convidou-me para falar. Depois de minha apresentação, Linda, uma mulher surpreendente, de corpo miúdo e cabelos castanhos, veio me agradecer. O que eu havia dito tinha lhe dado coragem para ir atrás de seu sonho: ensinar dança. Em vez de só falar sobre isso, ela agora ia passar para a ação. Eu lhe pedi que me mantivesse informada a respeito de seu progresso. Mais tarde, naquela mesma semana, Linda me ligou de um telefone público de uma clínica de reabilitação. Minha palestra a havia ajudado a perceber, também, que o primeiro passo a ser tomado era fazer, ela própria, seu exame físico. Eu não contenho as lágrimas cada vez que penso nisso. As estratégias para o sucesso que eu estava usando comigo e com meus clientes podiam ajudar outras pessoas a realizar mudanças profundas. Se eu puder ajudar alguém — qualquer pessoa — a retomar a sua vida, pode me chamar. Eu fui fisgada. Logo, eu estava dando palestras por todo o país, na televisão e no rádio.

O Ponto de Vista do Espelho Retrovisor

Se você sabe dirigir um carro, então você tem as habilidades necessárias para dar uma virada no seu dia. E, olha, se você consegue dar uma virada no seu dia, então você já está no caminho para dar uma virada na sua vida e se dirigir rumo ao sucesso.

Estresse é se sentir fora de controle. Imagine-se dirigindo na estrada sem segurar o volante. Dá pânico? Sem dúvida! Agarre o volante e você se acalma, não é mesmo? É você quem está no banco do motorista. *De derrotada a poderosa* vai ensiná-la maneiras rápidas de agarrar o volante de sua vida e criar mais daquilo que você deseja — rapidamente.

Observe as suas mãos no volante na próxima vez em que estiver dirigindo e note como você faz mudanças mínimas para continuar em linha reta. Pequenos ajustes é o que faz você continuar na direção que deseja ir. Escolher entre pegar o telefone para ligar para uma amiga em vez de pegar o biscoito que está ao seu alcance, parece não fazer grande diferença. Experimente. Faça isso com frequência. Coma menos biscoitos. O zíper de suas roupas vai fechar bem mais facilmente. Se você acha que o sucesso não pode ser fácil, rápido e divertido, pense novamente.

Comece decidindo aonde, afinal de contas, você quer ir. Se não souber direito, só vai aumentar o "quociente de fazer loucuras". Se eu lhe oferecesse um carona e você entrasse no carro e me perguntasse: "Aonde você vai?", e eu dissesse: "Para falar a verdade, não sei", você provavelmente saltaria imediatamente. Você precisa saber se eu estou indo para o shopping ou para o Canadá.

Uma maneira infalível de turbinar os seus resultados bem-sucedidos é manter-se concentrada para onde você está indo, e não onde você esteve. Imagine dirigir até a mercearia olhando no espelho retrovisor. Você iria longe? Eu também não. A mesma coisa acontece com a sua vida. Agir usando um espelho retrovisor bagunça a sua cabeça e o seu corpo. E eu tenho a ciência para me apoiar quanto a esse assunto, queridinha. Se você gastar todo o seu dia só pensando em tudo que não deu certo no passado, você acabará num fosso.

Agarre a Direção

Cada capítulo deste livro apresenta a minha visão de alguma área problemática e as maneiras de transformá-la em algo esplêndido. Ele foi concebido para ajudá-la a olhar dentro da sua cabeça e descobrir o que fazer para viver dias melhores. Viva dias melhores, viva uma vida melhor.

Os primeiros capítulos fornecem a base para o resto do livro. Você pode pular algumas partes, mas só Deus sabe que eu levei quatro terríveis anos para escrevê-lo, portanto eu espero que você saboreie cada sílaba. Ele lhe dá a informação, mas é você quem tem que experimentar. Descubra o que funciona para você.

A maioria dos livros sobre sucesso é escrito *por* e *para* homens. No entanto, as mulheres processam as informações de maneira diferente. Portanto, achei que deveria equilibrar um pouco as coisas e escrever um livro dirigido a elas (e aos homens incríveis dispostos a suportar todas as minhas referências a sapatos). Sucesso é persistir naquilo que você quer. Se você está assoberbada de coisas, é muito fácil sentir-se como se os seus sonhos estivessem sendo soterrados pelas suas responsabilidades do dia-a-dia. *De derrotada a poderosa* apresenta técnicas para ensiná-la a reassumir o comando de sua vida mesmo nos dias difíceis. E, ainda, a dar boas risadas durante o processo.

Os jogos ao término de cada capítulo são estratégias para sucesso que vão ajudá-la a pôr em prática as técnicas apresentadas no livro. Por que jogos? Para tornar os novos comportamentos divertidos! Como você descobrirá, os jogos são instrumentos poderosos de aprendizagem. A única maneira infalível de tornar uma mudança duradoura é persistir nela. E a melhor maneira de persistir em algo é gostar dela. Sem sentimentos de culpa *à la* Nova Era. Se você se atrapalhar (e eu faço isso diariamente) simplesmente continue jogando. Veja como um divertimento que assim será. Os jogos seguem um formato simples. Centre-se, estabeleça uma intenção alinhada com o que você tem de melhor, faça algo novo ou diferente, e pelo amor de Deus, agradeça a você mesma por dar um passo positivo.

Os jogos se destinam a encorajá-la e a respeitá-la. Use-os como ponto de partida para criar os seus próprios jogos. Afinal de contas, você é quem melhor pode dizer o que funciona para você.

Seja bem-vinda!
Apronte-se para ter a vida que você quer, não a
vida que você acha que tem que ter.

capítulo 1

a caminho de casa

Olhando de relance no espelho retrovisor enquanto dá marcha à ré para sair de sua vaga do estacionamento do escritório, você nota aquelas linhas minúsculas cruzando a sua testa. Puxa, quando essas rugas invadiram o seu rosto? Você olha para elas, conjectura sobre o rumo de sua vida, para onde foi a sua vida? Será que você a deixou lá na sala do cafezinho? Será que ela se perdeu atrás daquela montanha de papéis que desfilam pela sua mesa de trabalho? Ou será que ela foi sequestrada por aqueles fins de semana em que você levou trabalho para casa?

Você diz boa-noite a Frank, funcionário do estacionamento. O carro praticamente manobra sozinho em direção à rua. Foi mais um daqueles dias de almoçar na sua mesa de trabalho. Mais um dia de liquidar e-mails. Mais um dia de manter o ritmo. Mais um dia de ficar para trás. Você se sente tão cinza quanto o asfalto debaixo das rodas de seu carro. E é apenas quarta-feira.

Ao dirigir para casa, seus olhos podem estar olhando fixos para a frente, mas a sua mente está olhando fixamente para seu espelho retrovisor interno, pensando na tarde daquele dia. Você estava superocupada. Adiantou alguma coisa? Como você vai conseguir terminar aquele relatório até sexta-feira? As horas parecem tão sem gosto quanto aquele copo de macarrão instantâneo que você devorou enquanto olhava para a tela do computador. Como seu chefe pôde fazer aquele comentário tão estúpido sobre seu grau de compromisso com o trabalho? Você trabalhou no fim de semana anterior. Como é que você vai encontrar tempo para fazer aquela limpeza nos dentes?

Você Caiu do Céu para o Inferno?

Observando aquela fila de faróis vermelhos à sua frente serpenteando rumo ao lar, você pensa sobre o tipo de vida com que sonhou quando estava na sexta série do colégio. Lá naquela época, você pintou o seu futuro com letras garrafais e as coloriu com cores vibrantes. Hoje, seu dia é feito de letras em branco e preto. E estão se tornando menores. O que aconteceu? Quando foi que você deixou de ser aquela garota atrevida semeando seus sonhos? Quando foi que você se tornou horrivelmente obcecada com a seguinte ideia: "Será que isso aqui faz o meu traseiro parecer grande?". Quando aquelas vozes críticas montaram acampamento em sua cabeça?

"Oras bolas, quando foi que me tornei tão obcecada pelo trabalho que acabei me esquecendo de mim mesma?"

Você está perdida? Não quero dizer quanto ao caminho de casa... quero dizer, na vida. Sentada lá no seu carro enquanto ele leva você para o seu alimento de consolação, esperando pacientemente lá dentro da geladeira, você se pergunta se talvez... quem sabe, talvez... não seja hora de mudar.

Certo. Mas como? Você poderia ligar para um daqueles programas de TV de mudanças. Eles fazem isso o tempo todo. Mas talvez seja muito embaraçoso. E tem mais, a câmera de TV faz você parecer uns sete quilos mais gorda. Esquece isso. Que tal a loteria? Você poderia dar uma paradinha na casa lotérica no caminho de casa e comprar alguns bilhetes. Olha, não tem nenhum problema que 120 milhões de reais não consigam resolver. Mas e todos aqueles milionários que, na verdade, nem são felizes? Quem quer cair nesse tipo de armadilha? Credo! Sai *pra* lá! E parece que o trânsito está ainda pior nessa noite.

De Conhecedora a Comandante

Naqueles dias difíceis, você não gostaria de simplesmente pegar o telefone e discar 0800-fique-fabulosa? Não seria genial se você tivesse o seu próprio Centro de Assistência ao Cliente? Seria um departamento dedicado exclusivamente a você. Cada pessoa da equipe disputaria para ser o primeiro a falar com você, para animá-la e aplaudi-la. Eles seriam seus mais profundos conhecedores. Eles saberiam que você detesta bolos de arroz e que você ainda guarda sua velha boneca no fundo da última gaveta da cômoda. Primeira paquera? Eles saberiam. Ioga ou Yôga? Eles saberiam. Capuccino ou chá? Eles saberiam. Armados com dezenas de detalhes impressionantes sobre você, eles seriam ousados o suficiente para tornar a sua vida tão picante quanto possível. A qualquer momento que você ligasse, eles acionariam os computadores, imprimiriam e lhe entregariam um relatório com a melhor opção para a ocasião.

Hum... Eles teriam toda a informação necessária e lhe dariam ótimos conselhos, mas eles são apenas do Centro de Assistência ao Cliente. Eles são apenas conselheiros-assessores. Eles, na verdade, não sairiam por aí e dariam o chute inicial para a mudança. Então, quem o faria?

Espere um pouquinho. São as suas mãos que estão no volante. É você quem está dirigindo o carro. E, olha, é você, na verdade, quem pede os "capuccinos". Que tal se você começar a dirigir a sua vida? Não por aquela velha estrada de sempre, mas por onde você realmente queira ir. Que tal se você começar a comandar a sua vida — para que ela seja do jeito que você quer? É isso. Agora podemos conversar. Você tem os mesmos dados que o Centro de Assistência ao Cliente tem. Que tal se você começar a colocar as informações em prática e introduzir mais coisas que você ama em sua vida?

E você não precisa perder sete quilos para fazer isso.

Enquanto você vira o seu carro na sua própria autoestrada, um sorriso de satisfação surge em seu rosto. Hum... Talvez isso funcione.

de derrotada a poderosa

eli davidson

capítulo 2

você é a prefeita de Vocelândia

Dê Poderes a Si Mesma

Então, do que você se queixa quando está no carro — ou enquanto está escovando os dentes ou descarregando as compras do supermercado? O que tem o poder de abalá-la e deixá-la de mau humor? Que tal gastar alguns minutos e fazer algo diferente com o seu baixo-astral? Se você está em cima do muro a respeito de tentar algo novo, pense nisto: se continuar fazendo o que sempre fez, só vai conseguir o que sempre teve. Na verdade, fazer algo diferente já é uma forma de deixar o que é ruim de lado.

Por que esperar vinte páginas? Vamos começar já.

De Derrotada a Poderosa

A melhor maneira de tirar vantagem da Técnica da Grande Virada é fazê-la com algum prazer. Faça uma reviravolta. Você pode analisar o diabo mais tarde. Agora, você pode se sentir tola, mas tudo bem. De qualquer maneira, se eu estivesse aí com você, eu a estimularia a ir fundo. Na verdade, eu iria fundo, também, junto com você. Eu fico feliz em agir como uma perfeita pateta, se isso ajudá-la a se livrar um pouco do seu baixo-astral.

Então, o que é que a está aborrecendo? Vamos ao Número Um dos estressores. O trabalho está devorando a sua vida? Você está cuidando de pais idosos? Seu namorado acabou de lhe contar que uma amiga sua está grávida... esperando um filho dele? Seja lá qual for o seu estressor: encare-o; preste atenção nele; escute-o. Perceba o quanto ele faz você se sentir péssima.

Entendeu?

Conheça seu Estressor Número Um

Assim que você tiver um retrato bem definido em sua mente, assuma essa posição "para baixo". Quando você se sente amedrontada, você fica encurvada para a frente e seus ombros caem. A tensão faz seu rosto ficar parecendo uma uva azeda. Você fica parecendo uma versão murcha de si mesma. Funciona melhor quando você está sentada, então, sente-se, olhe para o seu colo e vá assumindo essa posição condizente com esse estado de espírito negativo.

Agora, pense a respeito daquela coisa ruim. Bote para fora, menina, bote para fora! Deixe a sua frustração sair.

Repita comigo: Miserável, Miserável. Mais alto, não consigo ouvi-la. Eu fiz isso na TV com a atriz Sally Kirkland indicada para o Oscar. Ela teve um desempenho inspirador. Você também consegue! Eu quero que você realmente ponha para fora enquanto fala: Miserável! Miserável! Miserável!

Mais cinco vezes e está de bom tamanho.

Agora, levante-se.

Levante as mãos no ar e olhe para o teto. Você deve se parecer com o Y daquela música *Y.M.C.A.* (do *Village People*). Agora diga: Maravilhosa! Maravilhosa! Maravilhosa! Quero ver você ganhar um Oscar por sua interpretação de Maravilhosa. Vá em frente. Ponha o livro na mesa, faça outra vez e então volte...

Como foi? Você sentiu a mudança? Sente-se mais maravilhosa?

Parabéns. Estou orgulhosa de você. Se você fez esse exercício com prazer, você tem que sentir da cabeça aos pés que tem a capacidade de se apoderar de si mesma e se fortalecer.

Não é genial?

> **Fazer com prazer ajuda você a se sentir maravilhosa... num instante!**

Agora você já sabe o que precisa para sair dessa vida de miserável e se transformar em uma mulher maravilhosa. Esse é o espírito: *De derrotada a poderosa* — para mudar as coisas na sua vida pessoal. E está à sua disposição a cada segundo. Você sempre teve essa habilidade — talvez você só não a tenha exercitado.

Não São Eles, Menina!

Pense novamente, por um momento, naquela sua sensação miserável. Aposto que ela estava centrada em alguém ou alguma coisa ou acontecimento.

Sempre que você tenta responsabilizar as pessoas (assim como, digamos, seu chefe, marido, sogra — acrescente quem você preferir) ou coisas fora de você (como, por exemplo, sexo, status, problemas, uma substância — acrescente o que preferir aqui) por sua sensação de felicidade e bem-estar, você se paralisa. Quando você culpa os outros por suas frustrações e desilusões (como, digamos, medo, solidão, raiva, dor, desesperança — acrescente o que preferir aqui), você se paralisa.

Por quê? Por mais maravilhosa que a coisa pareça no momento, ela nunca vai conseguir preenchê-la completamente. Diacho! Eu queria que ela conseguisse. E se você tentar extrair a sua alegria de viver de outras pessoas, isso significa que terá de controlá-las, para que elas lhe dêem o que você quer.

Quem roubou minha Alegria de Viver?

O grande problema, porém, é que você jamais consegue controlar alguém. Portanto, você não consegue a alegria de viver que deseja. Diacho. Eu queria que você a conseguisse. Mas você não consegue. Então, acaba se sentindo ofendida e decepcionada em vez de se sentir contente.

Até mesmo as melhores pessoas se sentem chateadas e se irritam, até mesmo os melhores relacionamentos se desgastam, até mesmo o melhor dos sexos, bem... deixa para lá. A única maneira de realmente nos sentirmos maravilhosos é de dentro para fora.

Você é a Prefeita de Vocelândia

No momento em que você decide tomar posse do que acontece internamente com você (independentemente da bagunça e confusão que possa ocorrer durante um dia) você assume o seu lugar legítimo de Prefeita da cidade chamada VOCELÂNDIA. No instante em que você ocupa o seu posto, você sobe no pódio da sua autoestima e do poder pessoal. Olha, quando eu digo poder pessoal, eu não estou falando de se empertigar ou pavonear como uma diva de um *reality show* de má qualidade. Eu estou falando de simplesmente assumir um direito que já é seu.

Reflita sobre o que significa ser a Prefeita de Vocelândia. Você é capaz de falar alto e estabelecer limites claros e saudáveis. (Até mesmo no trabalho. Até mesmo com seus filhos. Até mesmo com seus parentes e empregados.) Você é capaz de manter a calma com aquele deslize na contabilidade. Você é capaz de pedir o que quiser porque, afinal de contas, você é quem manda. Reserve um momento e deguste-o. Conecte-se com o que *estar no comando* representa lá dentro de você. A maior parte das pessoas experimenta uma sensação de expansibilidade ou serenidade. E você?

Vá em frente. Largue o livro por um momento. Levante-se e sinta como é ser a Prefeita. Você pode se pegar requebrando ou andando a passos largos ou passeando. Parece que cada Prefeito tem seu próprio ritmo natural. E seu próprio nome. Alguns encarnam o Capitão do Meu Navio, a Deusa do Meu Templo, a Diva de Mim Mesma, até mesmo o Padeiro Mágico da Minha Cidade. E você, o que é? Certo, pode parecer um pouco tolo, mas vá em frente. Você está usando facetas suas que não visita desde que completou oito anos. Há uma sensação agradável de felicidade nisso? Permita-se descobrir.

Vamos assumir, de qualquer forma, que você é e sempre foi a Prefeita de Vocelândia. Pode ser que você, igual à maioria de nós, tenha simplesmente abdicado disso. No momento em que você assume o posto de chefe, as coisas podem começar a mudar.

No momento em que você para de fingir que alguma outra pessoa roubou o controle remoto da sua vida, esse é o momento em que a sua vida se transforma. Como? Você começa a escolher as suas atitudes e suas ações.

Mesmo quando você ama alguém mais do que a vida em si, você não pode respirar o ar dela ou digerir o seu alimento. Nós não estamos ligados desse jeito, e ninguém, a não ser você mesma, pode digerir aquele sanduíche de atum que você comeu no almoço. Da mesma forma, também, ninguém, a não ser você mesma, pode escolher suas atitudes. No momento em que você saca que é você, somente você, quem pode lhe conferir poder legítimo, esse é o momento do seu despertar. Você deixa de ser uma espectadora inocente de sua própria vida e passa a criar o seu próprio destino.

> **Vamos assumir. Você sempre foi a Prefeita de Vocelândia. Não está na hora de exigir o seu posto de volta?**

A História de Scott

Meu amigo Scott é um exemplo fantástico do que pode acontecer quando alguém se levanta e assume seu posto de Prefeito. Um ano após se formar pela Faculdade Sarah Lawrence, Scott partiu para Nova York para começar a sua vida profissional. Ele era um homem com um plano: estava na *Big Apple* para iniciar-se no mundo da televisão. Alguns meses após entrar na aventura maravilhosa da idade adulta, entretanto, sua visão começou a se tornar turva e piorou dia após dia. Scott foi a um oftalmologista achando que provavelmente precisasse de óculos. O médico abanou a cabeça: "Você está perdendo a visão. Em alguns meses estará completamente cego".

Scott se sentiu como se tivesse sido atropelado por um caminhão. Seu futuro simplesmente acabava de ser arrancado de suas mãos. Não era justo. Ele ferveu de raiva, quando teve de tentar se adaptar a uma bengala, e sofreu ao ter de aprender a navegar pela vida da cidade como um cego. Um terapeuta lembrou-lhe de que, sim, ele era cego, portanto, nunca poderia ler ou dirigir, mas tinha mais sorte do que a maioria. O mundo para ele não era pura escuridão. Ele conseguia distinguir silhuetas.

É verdade, ele pensou. Nem tudo está perdido. O reconhecimento deste pequeno ponto positivo colocou um freio em sua autopiedade e depressão. Não apenas isso. A longa e árdua luta para aprender a andar, cozinhar e lidar com o seu mundo, na sua condição de cego, forçou Scott a encontrar o seu centro, a sua essência. Para sua grande surpresa, esse que estava centrado, tornou-se infinitamente mais poderoso e sábio do que o antigo Scott que era capaz de enxergar. Ao encontrar sua força interior, Scott conseguiu juntar a coragem necessária para voltar a se perguntar o que ele queria fazer com sua vida. Scott decidiu que a sua vida seria aquilo que ele fizesse dela. Se ele, sem enxergar, conseguia cruzar a 5ª Avenida lotada de gente, então ele conseguiria qualquer coisa. Em vez de desistir de seu sonho de trabalhar com televisão, ele conseguiu encontrar trabalho numa rede de TV bem pequena. Era uma rede só para crianças com a impressionante quantidade de doze pessoas em seu quadro de funcionários. Scott amava o que fazia. Ele rapidamente subiu e se tornou diretor de criação da emissora. Apesar de cego, ele ajudava a cuidar da maior parte do visual da mídia.

A pequena empresa de TV era a Nickelodeon. A visão criativa de Scott ajudou a transformá-la numa gigantesca rede de televisão. As escolhas de Scott fortaleceram não apenas a ele, mas aqueles que estavam ao seu redor. Ele apaixonou-se e casou-se, e é pai maravilhoso de duas crianças adoráveis. Ele é o Prefeito da Scottlândia.

Você Tem o Que Merece

O que você faria se assumisse a prefeitura de Vocelândia? Correria mais alguns riscos? Você largaria correndo o escritório em que trabalha e abriria seu próprio negócio? Ou quem sabe tomaria o demorado caminho de casa?

Você pode estar dizendo: mas tem tanta coisa que está totalmente fora do meu controle. É verdade. Esse é um mundo muito grande e complexo. A maioria de vocês não tem a menor autoridade sobre — digamos, o trânsito, o cachorro barulhento do vizinho ou o humor do chefe nas segundas-feiras de manhã. Olha, você não pode escolher o dia em que o rádio do seu carro vai pifar. Ou simplesmente quando o seu último par de meia-calça preta vai desfiar perna abaixo. Por outro lado, só você pode escolher as suas atitudes e seus atos.

Divirta-se: tente achar graça em sua desgraça

Imagine só. Quando você é a Grande Chefe, ninguém dirige você, a não ser você mesma. Você manda em tudo o que acontece dentro de você mesma. Qualquer ideia que aparece na sua cabeça e cada sentimento que toma conta de você está dentro do seu domínio pessoal. (Está finalmente entendendo?) Lembre-se do que a fantástica Eleanor Roosevelt disse: "Ninguém pode fazê-la sentir-se inferior sem o seu consentimento". Está certo. Esse é o seu reino, o pedaço do mundo que você pode dirigir.

Você se senta um pouco mais ereta quando se sente uma abelha rainha. Espere um pouquinho. Você não tem de deixar os e-mails grosseiros de seus colegas de trabalho estragarem o seu dia. Quem disse que você está velha demais para aprender a dançar salsa? Você é a chefe de Vocelândia, a única pessoa que tem de guiar as suas escolhas internas. É a sua mão que está no botão do rádio — você pode virá-lo de ruim até ótimo. Você é a chefe. O caos pode estar correndo solto à sua volta — fora dos limites da cidade de Vocelândia. Mas nada pode atingir você a não ser que você permita.

O Aval do Clube da Ciência

Não é sensacional saber que pesquisadores do mundo todo têm dados que apoiam a ideia de você ser a sua própria chefona?

Estudos e mais estudos mostram que uma das maiores causas de estresse e depressão é não se sentir no controle da situação. As pessoas ficam estressadas quando se deparam com uma situação difícil e tem de admitir que ela está fora do seu controle. Esse sentimento de impotência impacta diretamente sobre o seu corpo. Cientistas da Universidade de Kentucky descobriram que o estresse pode até mesmo fazer o cérebro envelhecer mais rapidamente. E quem quer isso?

> **Criadora de catástrofes ou estimuladora criativa para a ação?**
> **Você é a Dona do Pedaço. Você decide.**

Muitas outras pesquisas mostram que o estresse que você sente por acreditar que não tem o controle sobre as coisas leva a um enfraquecimento do sistema imunológico, transtornos de sono e também pressão alta.

Quando você assume o seu legítimo posto de Prefeita de sua própria cidade, você recobra a sua vida. Esse é um poderoso fator antiestresse.

Você Gostaria Mais de Mim Se Eu Fosse Uma Outra Pessoa?

Eu achava que eu era a Prefeita de Eulândia. Na verdade eu era a Prefeita de um lugar chamado "Por favor, Gostem de Mim". Eu poderia dar uma aula sobre busca de aprovação. Uma olhadela na minha coleção de músicas fala tudo. Eu poderia percorrer os meus CDs e lhe dizer qual namorado eu tinha de acordo com cada CD. Música country fazia parte dos tempos em que eu namorava o Surfista Cowboy Rebelde. Música clássica era da fase do Compositor de Ópera. Jazz funk pertencia a uma época em que eu estava numa confusão danada com o Bancário Bad Boy. Em vez de ser a Prefeita de minha cidade, eu era, isso sim, a política que tenta se eleger para trabalhar no governo de alguma outra pessoa. Que jogada estúpida!

Helloooooo, Eli! Que tal ser a garota dos seus próprios sonhos?

Às vezes, as menores coisas provocam as maiores mudanças. Numa tarde fria de domingo, um CD do Fabulous Thunderbirds ao lado de um CD do Miles Davis parecia gritar para mim: "Sua traidora, sua aduladora de plantão! Como você pode dizer que está trabalhando o seu autoconhecimento? Você nem ao menos sabe que tipo de música gosta". De que tipo de música eu gostava?

Que Tal Ser a Garota de Seus Próprios Sonhos?

Naquele momento percebi que eu era a única pessoa que na verdade poderia responder àquela pergunta incrivelmente constrangedora. Obviamente estava na hora de eu me conhecer melhor. Por alguma razão bizarra, ver aqueles dois velhos CDs empoeirados me levou a explorar os arredores de Elilândia. De que tipo de música eu gostava? *World music*, músicas de filmes dos anos 30, músicas clássicas e alguma bossa-nova. Sabe-se lá. Minha investigação foi um fracasso tão grande que eu comecei a ir por outros caminhos. Comecei a gastar um tempo precioso sendo eu mesma, e assumi a responsabilidade de identificar o que faria meu coração bater mais forte: pisar em poças d'água, rolar com meu gato no tapete, e, para começar, sentir as flores frescas. Logo, assumi o posto para o qual eu havia sido eleita há muito tempo. Tornei-me minha própria Prefeita.

Como Você Deseja Viver na Sua Própria Cidade?

Pois bem, sra. Prefeita, como é a vida na sua cidade? Olhe ao redor e veja como tem sido suas escolhas. Você é uma coruja notívaga se pressionando para ser um animado pássaro madrugador? Você procura pessoas que estimulam o que você tem de melhor ou gasta o seu tempo com certas pessoas só porque seus filhos frequentam a mesma escola? Você é vegetariana só por que sua colega de quarto lhe convenceu... ou por que o seu corpo realmente necessita de tofu? Alguns anos atrás eu achava que deveria ser uma vegetariana devoradora de tempeh[1], e o modo como eu me alimentava me deixou anêmica e gorda. Atualmente, que eu como um filé como um zagueiro de futebol, estou mais magra e mais saudável. O que realmente funciona para você?

Vocelândia não precisa seguir nenhum outro padrão que não o seu bem-estar inerente. Não está na hora de você viver a sua vida do jeito que você quer? Se você não está se sentindo equilibrada pergunte-se: "É assim que eu quero que as coisas sejam na minha cidade?". Se algo puxa você para baixo, bingo!, você tem a autoridade máxima de ir a fundo e mudar. Essa não é uma promessa vazia de político. Como Prefeita, você pode fazer mudanças radicais, pode gastar o seu tempo descobrindo o que a deixa satisfeita — e fazer mais disso. Você pode determinar que banhos de espuma e palavras-cruzadas, por exemplo, são requisitos diários.

A Antiga Administração

Antes de começar a decretar novas leis, uma boa ideia é se familiarizar com as práticas existentes na cidade. Algumas das regras de Vocelândia podem ser fantásticas e você pode querer mantê-las. Outras, você pode querer modernizar.

---

1 Nota da Edição brasileira: alimento originário da Indonésia, produzido pela fermentação controlada de grãos de sojas aspergidos com um fungo medicinal natural da Indonésia (Rhizopus Oligoporus); durante esse processo os grãos de soja tornam-se uma massa branca compacta. Os vegetarianos e veganos utilizam-no como substituto da carne dada sua alta concentração de proteína.

Não para o velho. Sim para o novo

Um número impressionante de regulamentos pode estar amontoado nos manuais sem você saber — são regras do século passado de Pailândia, por exemplo, que inconscientemente dirigem as suas escolhas. Do tipo: "A vida é dura", ou "Eu não sou capaz de fazer isso, eu não tenho um diploma", ou "Eu sou divorciada, nunca vou casar novamente", ou "Eu fui despedida de meu trabalho, eu não valho mais nada".

Algumas cidades são governadas pelo método do medo. Ninguém quer correr riscos. Mesmo se as coisas vão bem, nas épocas boas, os estatutos afirmam: "Algo muito terrível a está aguardando assim que você virar a esquina". Outras funcionam sob o sistema "SB1284", o "Estatuto do Altruísta", que ordena que você coloque todo mundo antes de si mesma. Talvez você viva numa cidade que transforma a palavra "prazer" em uma palavra de sete letras, embora ela não tenha sete letras. Talvez haja uma lei nos manuais que diga que você deve ter boa aparência a qualquer custo. E esses custos são realmente muito altos. É por isso que é tão importante que você mergulhe dentro de si mesma e se descubra. Quando você descobrir regras que não se ajustam a você, traga-as à sua consciência. Diga-as em voz alta. Escreva num papel. Conte-as para uma amiga. E livre-se delas!

A História de Carol

Carol tem uma luz radiante em seus olhos castanhos profundos e uma postura calma e equilibrada. Por anos a fio, ela trabalhou como executiva-assistente e sua eficiência discreta tornou a vida de seu empregador uma tarefa sem maiores dificuldades. Ela fez a mesma coisa pelos seus amigos. Contudo, Carol não tinha espaço em sua vida para o que mais a arrebatava: fotografias. Desde o dia em que suas mãos tocaram pela primeira vez uma máquina fotográfica, ela se encantou com a arte da fotografia. Até hoje, enquanto atende a telefonemas ou escreve e-mails, ela ainda sonha com uma velha Nikon e uma câmara escura onde revelar seus filmes.

Quando ela me ligou, sentia-se exausta. Não é para menos. Ela havia abdicado de seu poder e cuidava de todo mundo, menos da Carol. Quando ela se deu conta de que podia assumir o posto de Prefeita da Carolândia, todo o seu ser ganhou vida. Que coisa maravilhosa! Ela conseguiu escolher as coisas que melhor funcionavam para ela. Era o começo de uma revolução. Juntas, brincamos do jogo da Proclamação de Vocelândia. Sua energia vital aflorou quando ela se declarou Prefeita. Sua voz adquiriu nova ressonância à medida que ela dizia como queria que fosse a vida em sua cidade. Seu corpo se movimentava com um entusiasmo jovial e novo. Ela mal conseguia esperar para criar o seu cartaz de Proclamação de Carolândia. Em letras grandes e cores vibrantes usando palavras que a enchiam de júbilo, ela declarou o seu direito a uma vida cheia de encantamento e despreocupação. Declarou o seu próprio valor. Reconheceu seus dons, talentos e habilidades. Fez de Carolândia a sua prioridade. Pendurou o seu cartaz de Proclamação na parede em frente aos pés da cama para que fosse a primeira coisa que visse pela manhã ao acordar e a última, antes de dormir à noite.

Ser Prefeita ajudou Carol a ter coragem. Depois de alguns meses, ela largou seu emprego e alinhavou uma nova vida — maravilhosa, e inicialmente assustadora, uma colcha de retalhos de trabalhos ocasionais que lhe deram tempo para que pudesse viver sua paixão. Ela passava a maior parte de seu dia com a câmera fotográfica em punho. Você até podia perceber o seu encantamento refletido em suas fotos.

Uma jovem agente imobiliária com um orçamento apertado contratou-a para fazer uma campanha publicitária extravagante numa revista local. Ser Prefeita deu a Carol ousadia para fotografar do jeito que fizesse mais sentido para ela. As imagens que fez ficaram tão diferentes que os anúncios viraram assunto de conversa na cidade toda. Houve uma enxurrada de trabalhos depois que Carol assumiu a prefeitura de seu mundo interior; usando a sua criatividade, sua nova vida desabrochou. Atualmente ela curte seus dias ganhando a vida como fotógrafa profissional.

Você é a Prefeita de Vocelândia
Jogo da Proclamação

Escrever um objetivo aumenta a probabilidade de que ele se concretize. Alguma vez você já pensou em declarar por escrito como você gostaria que fosse a sua vida? Você não gostaria de ter um Manual do Proprietário para a sua vida? Agora, você pode escrever o seu.

Material: uma ou duas folhas grandes de papel em branco, seus materiais favoritos para trabalhos artísticos e alguns minutos de privacidade.

1. Centre-se. Inspire profundamente. Solte. A seguir, inspire o que é bom. Expire o que é ruim. Faça isso três vezes e sinta-se mais centrada.

2. Peça para o bem de todos. Tome posse como Prefeita. Bons líderes não são egoístas ou sem visão. Eles sabem que Vocelândia, Eulândia e Todomundolândia estão integradas. Cada vez que você fizer uma escolha como Prefeita, procure fazer o que é para o bem de todos.

3. Estabeleça a sua intenção. Determine a sua intenção de fortalecer-se. Como será estar no comando de sua própria vida? Seu mundo não seria um lugar melhor? Sem dúvida!

4. Levante-se. Levante-se, tanto internamente como externamente. Vamos lá, garota. Levante-se. Sinta a deliciosa sensação de caminhar pelo mundo como Prefeita de Vocelândia. Brinque com isso mesmo que você se sinta uma criança boba. Você está ancorando a sua experiência em seu corpo físico.

5. Escreva. Agora é hora de pôr no papel! Escreva: "Eu, [seu nome], Prefeita [Diva, Imperatriz, Capitã ou o que você escolher] de [seu nome]lândia, reivindico o melhor para mim. Todos os dias, eu tenho mais saúde, riqueza, felicidade e amor". É o seu tempo. É a sua cidade. Faça a sua Proclamação do jeito que você quiser.

6. Use os seus recursos naturais. Quais são algumas das qualidades na essência de Vocelândia? Quais são os seus pontos fortes? Acrescente três dessas qualidades à sua Proclamação. Por exemplo: "Em Eulândia, nós adoramos rir, usar nossa criatividade e falar nossas verdades de maneira gentil". Experimente!

7. Adeus ao velho. Se há algumas leis que você está retirando dos manuais da cidade, escreva-as num pedaço separado de papel, não na sua Proclamação. Conte a uma amiga e jogue-as fora. A Proclamação é o lugar onde você coloca o que quer e como quer viver em Vocelândia.

8. Personalize. Divirta-se colorindo, colando adesivos, pondo brilho, qualquer coisa que torne a sua Proclamação algo que você goste de olhar. Experimente! Faça do seu cartaz uma comemoração a Vocelândia.

9. Pendure-o. Pendure o seu cartaz de Proclamação com orgulho. O melhor lugar para colocá-lo é onde você possa vê-lo antes de pegar no sono. Isso ajuda o seu inconsciente a absorver aquelas imagens.

10. Agradeça a você mesma. Agradeça por ter o poder de criar a vida que você deseja ter.

Quando você assume o seu legítimo posto de
Prefeita de sua própria cidade, você recobra a sua
vida. Esse é um poderoso fator antiestresse.

capítulo 3
conheça suas comunidades internas

Escute-se

Imagine um Prefeito que conheça o mundo todo, que viaja pelo mundo afora, mas ignora as necessidades de sua própria cidade. Ele se esquece de checar se seu povoado tem boa comida para comer e água limpa para beber. Ele fica surdo aos pedidos de seus cidadãos, ao mesmo tempo em que marcha rumo às conferências com outros figurões. Quanto tempo você acha que os moradores vão suportar isso? Você não acha que eles vão se revoltar?

É a mesma coisa em Vocelândia. Ficar tão ocupada a ponto de se esquecer das suas próprias necessidades é um convite para dar um chute no traseiro. Você pode ficar doente nas férias ou se perder e chegar atrasada para uma reunião importante, ou furar a dieta que vem fazendo tão bem. O que pode parecer uma sabotagem é, na verdade, um pedido desesperado de atenção vindo de algum lugar de Vocelândia.

Olha, se você não se escuta, quem é que vai escutá-la?

Ouvir-se é muito fácil e vale muito a pena. É como você aprende a descobrir o que a põe para cima ou não. É como você realmente aprende a cuidar de você e não apenas fazer uso de uma teoria barata sobre escolhas e atitudes.

Que tal se hoje você fizesse mais do que é bom para Vocelândia e menos do que não é? Que tal se você fizesse mais escolhas maravilhosas e menos escolhas horrorosas. Você acha que seu dia seria melhor? Com certeza. E, num piscar de olhos, dias melhores se transformariam numa vida melhor. Uma vida melhor significa uma vida mais feliz? É uma estratégia de sucesso? Claro. Você não precisa acreditar em mim. Estudos mostram que respeitar o seu saber inato faz você se sentir mais disposta. A Revista Científica de Desenvolvimento Humano e Envelhecimento[2], por exemplo, relatou recentemente que as pessoas que se sentem independentes e

---

2 N. da T.: do original: *International Journal of Aging and Human Development*.

de derrotada a poderosa

eli davidson

tomam suas próprias decisões sentem-se três vezes mais satisfeitas com sua vida do que as pessoas que não o fazem.

Caminho Rápido Para se Sentir Maravilhosa

A melhor maneira de escutar-se internamente é conhecer o eleitorado de Vocelândia. Quando você faz isso, você realmente ouve o que eles têm a dizer. Mais e mais vezes eu tenho observado meus clientes encontrarem solução para as mais difíceis situações fazendo pesquisas com seus cidadãos internos. Olha, se *você* não se escuta, você acha que alguém mais o fará?

Vocelândia é formada por quatro comunidades básicas: seu corpo, sua mente, suas emoções, sua essência espiritual. Eu os chamo de Aliança das Partes do Corpo, Diretoria Mental, Sindicato das Emoções e Gerador das Perspectivas Sagradas ou GPS, que inclui o seu sistema GPS pessoal.

> **Um atalho prático para o sucesso: pesquise seu eleitorado interno**

A cidade é sua, por esse motivo, depois de conhecê-la, chame-as pelo nome que gostar. Cada bairro é um recurso fenomenal. Cada uma interpreta o mundo do seu ponto de observação.

Será que a Aliança das Partes do Corpo está votando por mais sono? E o Sindicato das Emoções? Estaria elaborando um referendo exigindo mais delicadeza e aconchego? E a Diretoria Mental estaria propondo que você lesse alguns dos livros que ficam a olhando lá da sua prateleira? Como o GPS, sua sabedoria espiritual ou intuitiva pesa nas suas escolhas?

Não importa, vamos descobrir.

AS BOAS-VINDAS DA ALIANÇA DAS PARTES DO CORPO

A Aliança das Partes do Corpo, o seu físico, é o lugar natural para começarmos. O que você enxerga no espelho, no entanto, é somente o exterior. Você deve considerar a sua pele como os limites da cidade de Vocelândia. Como seria sentir o seu corpo de dentro para fora?

Imagine-se explorando o seu corpo como se você estivesse visitando equipes de especialistas, cada uma altamente treinada e adequada ao seu tipo de trabalho. Eu cresci numa fazenda onde não havia muito entretenimento para uma criança, portanto, desenvolvi uma imaginação muito rica. Eu gosto de pensar na minha Aliança das Partes do Corpo como uma maravilhosa comunidade multirracial, com todas aquelas pessoas muito diferentes umas das outras fazendo o trabalho de audição, degustação e regulagem de temperatura do corpo. Eu gosto de começar com os rapazes lá da fábrica de digestão. É uma tripulação de brasileiros corpulentos. Eles não têm papas na língua e falam para eu parar de comer salaminho. Minha imaginação sempre correu solta e vejo um grupo de parisienses afetados me dizendo: "Você não é nossa chefe!". Eu estou incentivando meus pulmões a ficarem mais fortes, pois escuto miados. Essa Aliança das Partes do Corpo parece bem uma feira mundial. Mas aí então eu descubro que consigo me comunicar melhor com um elenco de personagens do que com quilômetros de paredes intestinais.

Faça o que funciona para você. O mais importante é se conectar com as suas sensações. Como é ver o mundo das perspectivas do seu estômago? O que a sua pele tem a dizer sobre a luz fosforescente do escritório. As suas células não estão precisando desesperadamente de água?

Observe como é intrincado o trabalho de cada equipe. Vá em frente e maravilhe-se com o enorme trabalho que eles enfrentam

39

todos os dias só para manter todos aqueles fluidos em movimento. Contudo, independentemente de sua variedade, todos na Aliança têm a mesma missão: manter a Vocelândia inteira, saudável e vigorosa.

Aula de Corporês

Seu corpo não só é uma máquina impressionante como também um instrumento comovente. Você tem ouvido suas notas e avisos? A ciência nos diz que os sistemas corporais comunicam-se uns com os outros em monossegundos. Ao aprender a sintonizar o que as suas sensações corporais estão dizendo, você pode começar a vislumbrar o "lampejo da consciência". Você sabe antes de saber que você sabe. E você pode usar essa minha frase se quiser.

Na verdade, as probabilidades de seus instintos naturais serem precisos são tão altas que o Departamento de Defesa treina os guardas de fronteira a ler a linguagem corporal. Um guarda tem em média 22 segundos para perceber se a pessoa está escondendo algo ou mentindo. A ciência do comportamento demonstrou que o corpo deixa vazar a informação como se fosse uma peneira — por exemplo, uma piscada rápida de olhos, o rubor das faces e o suor da pele são típicos de quem está escondendo algo — e os guardas aprendem a procurar por esses indicadores corporais.

Acesse o lampejo de sua consciência

Os guardas de fronteira são também incentivados a prestar atenção às suas próprias respostas corporais. Na verdade, seus próprios sinais corporais acabam sendo os sensores mais rápidos e precisos para verificações aleatórias. Uma sensação de enjôo no estômago, ou um aperto na garganta ou o desconforto de uma fração de segundo lhes avisa para fazer a pessoa parar. Frequentemente, embora não haja nenhuma outra evidência, eles descobrem que seu "palpite" estava correto.

Eu chamo essa linguagem interna do corpo de Corporês.

Se o seu corpo está precisando de uma reciclada para que você comece a se sintonizar, aqui vai como fazer isso:

Feche seus olhos. Observe sua respiração. Agora examine atentamente seu glorioso corpo. Conscientize-se de suas sensações corporais. Como estão o seu estômago, ombros e pescoço? Agora, entre em contato com suas pernas, em toda a sua extensão, até os pés.

Tire uma foto do seu interior. Faça uma leitura de como você se sente para que possa usá-la como linha de partida. A seguir, traga à sua mente uma situação sobre a qual deseja algum "insight". Assim que a estiver vendo claramente, deixe o seu corpo lhe dar uma resposta. "Click". É rápido assim.

Você se sentiu expandir pelo relaxamento ou contrair pela tensão? Seu corpo se sentiu melhor ou pior? Relaxamento e sensação de fome são sinais de segurança e bem-estar. Frio e constrição geralmente significam que o seu corpo está sentindo algo negativo. Uma onda de vitalidade é sinal positivo. Um aumento de tensão é o seu corpo pedindo para você parar.

Qual foi a primeira sensação? Sim, aquela. Fique com aquela primeira sensação. Esse não é o momento para a segunda tentativa. A dica para se tornar fluente é confiar na sua primeira impressão. O Corporês comunica mais rápido do que os seus pensamentos, portanto você tem que prestar bastante atenção. Siga o fluxo do que o seu corpo sente.

Os Sabichões da Sua Cabeça

Você vem recebendo avisos em Corporês da Aliança todos os dias de sua vida, mas você pode tê-los ignorado. Repare na sua região dorsal, por exemplo. Você já notou como os seus ombros ficam automaticamente tensos quando está perto daquele tio chato e desagradável? A sua garganta não se aperta quando você tem

de derrotada a poderosa

eli davidson

que discordar daquela sua amiga muito assertiva? Como fica a sua respiração quando você está no meio de um projeto com aquele colega de trabalho? Quando você está sentada à sua mesa de trabalho, você dá respiradas profundas e gostosas ou você simplesmente dá umas respiradinhas curtas?

> **A Lei do Umbigo: se ele estiver se mexendo, você está respirando corretamente.**

Na verdade, uma dica maravilhosa é observar a sua respiração. Uma respiração profunda significa que você está relaxada. Respiração curta é um alerta de que você está ansiosa. Observe o seu umbigo. Ele está se mexendo? É isso mesmo, seu umbigo tem que se mexer. Quando ele se mexe, significa que você está usando o diafragma para respirar, que é como você deveria respirar sempre. Sua barriga subindo e descendo é bom sinal. Muitas mulheres respiram só com a parte superior do peito para evitar aquela terrível barriguinha caída. Isso quer dizer que você só está absorvendo uma pequena porção do oxigênio a que tem direito.

Seja inquisitiva. Qual é o último relatório do seu dedão esquerdo? Um pequeno momento que seja, escutando o relato sutil e rápido da Aliança das Partes do Corpo, deixa você em contato com o que é real. E a ajuda a tomar decisões mais rápidas. E isso deixa o pessoal da Aliança muito satisfeito.

Jogo da Aliança das Partes do Corpo

O seu corpo é um poço de surpreendente sabedoria. Com a correria do dia-a-dia, você pode acabar desconectada de tudo que sua sabedoria natural pode lhe dar:

1. Centre-se. Inspire profundamente. Solte. Agora expire mandando a tensão embora. Inspire trazendo o relaxamento. Faça isso três vezes e se sentirá mais conectada com você mesma.

2. Peça para o bem de todos. Como Prefeita, aguarde um momento e assuma o seu posto; e peça para que as suas descobertas sejam para o bem de todos.

3. Estabeleça a sua intenção. Estabeleça a intenção de ser curiosa e descobrir como o Corporês é falado em Vocelândia.

4. Observe. Feche os olhos e observe o seu corpo. Imagine-se explorando a sua estrutura física, como uma turista de olhos vendados que visita uma feira internacional. Quais são as suas sensações? O seu ombro esquerdo está doendo? Sente um nó na garganta? Tem uma coceirinha que desce da cabeça até o queixo? Anote.

5. Tire uma foto. Agora, fixe na imagem de como você se sente, monte um autorretrato. Essa avaliação momentânea de seu corpo é a sua leitura de base.

6. Sorria. Agora pense em alguém, ou algo, ou algum lugar que lhe agrada muito. Veja aquela pessoa, coisa ou lugar claramente em sua imaginação. A seguir, note as suas sensações corporais. Você sente um calor em seu coração? Você está muito mais relaxada e respirando mais profundamente? Tire uma foto interna.

7. Chateie-se. Agora pense em alguém, algo ou algum lugar que a aborreça. Sua caixa de mensagens do computador, o técnico de futebol dos seus filhos ou o político que você menos gosta. Agora, observe as sensações corporais. Sente desconforto e frio? Faça um quadro interno.

8. Compare. Note a diferença. O que mudou? Pode ser sutil.

Para algumas pessoas, sacar o Corporês pode requerer um pouco de treino.

9. Vote. Agora faça uma leitura das suas respostas corporais, use seu Corporês. Por que não contar com o Corporês o dia todo? Dê ao seu corpo a oportunidade de votar nas escolhas que você estiver fazendo. Aguarde um minuto e faça uma leitura corporal da situação naquele momento.

10. Primeira impressão. Sua primeira impressão é geralmente a mais correta. Mesmo que pareça maluca.

11. Pratique. Continue registrando os sinais corporais. Você nunca vai descobrir o quanto seu corpo é sábio se não der a si mesma algum tempo de prática. Somente você pode se tornar especialista no dialeto do Corporês falado em Vocelândia.

12. Agradeça a você mesma. Agradeça por fazer uma escolha positiva e dar mais um passo em direção à autodescoberta.

Que honra ter conhecido este grupo fantástico! Agora você vai para a próxima zona eleitoral.

Isto é Amor: o Sindicato das Emoções

O Sindicato das Emoções é uma gangue combativa e poderosa cuja missão é saborear a vida. Seu lema é *emovare*! (repita algumas vezes essa palavra com sotaque italiano e gesticule com as mãos para manter o seu sangue pulsando). *Emovare* é a raiz latina da palavra "emoção". Ela significa agitar, atiçar, mexer... comover. O Sindicato adora uma comoção. Rir, chorar, ter raiva — eles adoram tudo isso. Eles estão aqui para aprontar, garota! Só de escrever sobre eles já sinto o meu coração batendo forte.

As emoções são energia em movimento. São os seus

sentimentos que orquestram as ações de sua vida. Se o Sindicato entra em greve, é difícil ver algo acontecer em Vocelândia. Mas por outro lado, se você estiver entusiasmada com algo, ele faz acontecer. (Você acha excitante limpar a garagem? Não? Nem eu. Você limpou-a recentemente? Nem eu.)

| Suas paixões incitam as suas ações |

O Sindicato tem o dedo sobre o seu botão da paixão e sobre o botão do seu dinheiro. E todas as empresas do mundo sabem disso. Não há uma propaganda ou publicidade que não tenha o objetivo de mexer com o Sindicato das Emoções, porque são as suas emoções e não a sua razão que leva você a torrar o seu dinheiro. Já que o Sindicato desempenha um papel importante em como você gasta o seu dinheiro e o seu tempo, é bom prestar muita atenção nele.

Não Pise em Nós

Suas emoções não desejam que você varra as sutilezas da sua vida para baixo do tapete. É por esse motivo que é sensato escutá-las. Elas podem pegar informações importantes que de outra forma você deixaria passar. Elas produzem a dor gélida da tristeza para fazer você ir mais devagar para que possa processar a dor e a perda. Elas provocam um acesso de raiva como um sinal de alarme, se algum limite foi ignorado. Elas despertam um brilho de alegria para irradiar uma sensação de bem-estar. Fique amiga desse grupo e sua vida será bem mais rica.

Falando em vida mais rica, eu conheço uma investidora imobiliária de Seattle, que ganhou muito dinheiro ao escutar a nuance de informações oferecidas por suas emoções. Ao observar cuidadosamente seus sentimentos enquanto fazia alguma negociação, ela conseguia se sintonizar com a melhor maneira de concluir o negócio. Como? Ela observava suas próprias reações de calor ou frio para captar os pontos fortes ou fracos do vendedor.

Fluência em Corporês ajuda muito quando se trata de emoções: o Sindicato e a Aliança tendem a falar a mesma linguagem — aperto na garganta (significa tristeza ou talvez algo não dito), por exemplo, surge quando você não sabe o que dizer para um amigo que está no hospital; vivacidade e expansão quando está perto de um bebê ou de um cachorrinho travesso. Se você prestar atenção às sensações corporais que acompanham diversas situações, terá muito menos chance de ser esmagada por suas emoções.

Pesquisas científicas mostram que calar as emoções é um fator de estresse para o corpo. Os experimentos de Wilhelm Reich, o Pai da Bioenergética, mostraram que se você reprime os seus sentimentos, seus músculos se contraem. E isso leva a uma respiração curta. E, é claro, garota, respirar faz bem. Sentimentos reprimidos = a menos oxigênio = consciência corporal mais entorpecida e pensamento mais lento. As emoções são fundamentais para se saborear as delícias da vida. Na próxima vez que você pensar em colocar uma mordaça nelas.... esqueça!

Não é Necessário uma Festa da Piedade

Tornar-se consciente de seus sentimentos parece uma receita para a infelicidade? Está com medo de se tornar uma manteiga derretida? Talvez você esteja pensando: "Se eu deixar minhas emoções aflorarem, vou parecer maluca. E se eu começar a gritar na fila do caixa do supermercado? E se eu começar a chorar no trabalho?".

Não se preocupe. As emoções precisam ser reconhecidas, não têm necessariamente de ser expressas. Você pode sentir suas emoções e, como Prefeita, escolher não mostrá-las.

> **Permita-se sentir. É a melhor maneira de lidar com as coisas e o modo mais rápido de curá-las**

Na verdade, quando você fica alerta ao que elas estão comunicando, você realmente tem mais chances de conter seus caprichos. Você não precisa resistir à sua rebelião e ser esmagada por elas mais tarde. Simplesmente precisa admitir para você mesma aquela fisgada de ódio que você sente quando aquela "cabeça de bagre" na sua frente na fila do caixa fica falando ao celular em vez de pagar a conta.

Uma nova tendência em treinamentos corporativos é ensinar às pessoas como se comunicar de forma mais autêntica. Compartilhar seus sentimentos de maneira genuína, porém respeitosa, ajuda um relacionamento a florescer. Se sua melhor amiga lhe diz que estará fora da cidade no dia da sua festa de aniversário, vá em frente e diga-lhe que você está triste e aborrecida. Isso poderá aproximá-las. Comunicar o que se passa emocionalmente pode criar maior intimidade.

Jogo do Sindicato das Emoções

Para muitas de nós, alegria, efervescência e petulância eram as três emoções que podíamos expressar em nossa fase de crescimento. Se lidar com o Sindicato das Emoções é algo que lhe parece tão estranho quanto visitar um país desconhecido, fazer um diário pode ser um bom começo para deixá-la mais à vontade.

O que você precisa: um pouco de silêncio, um diário e uma caneta.

1. Centre-se. Inspire profundamente. Solte. Agora inspire a liberdade. Expire a pressão. Repita três vezes para se sentir mais consciente.

2. Peça para o bem de todos. Como Prefeita, aguarde um momento e assuma seu posto. Peça para que suas escolhas sejam pelo bem de todos.

3. Determine sua intenção. Estabeleça sua intenção de criar um lugar seguro onde suas emoções possam ser expressas.

4. Diário. Reserve um pouco de tempo no fim do dia para examinar as emoções daquele dia. Seja curiosa e franca.

5. Pergunte-se. "Como eu me senti hoje?". Dê a chance para que o Sindicato das Emoções mostre como foi o seu dia da perspectiva dele. "O que fez com que eu me sentisse mal?" — permita-se responder honestamente.

6. Aceite-se. É bom expressar os seus sentimentos. Dê ao ciúme, à raiva e à tristeza o espaço que necessitam. Dê espaço também para a alegria. Se gostar, deixe a letra da música *Let it Be* dos *Beatles*, ou outra que fale sobre aceitação e sabedoria, vir à sua mente.

7. Valorize-se. Reconheça a sua honestidade e sinceridade (quem não vai ser honesto num diário?).

8. Tristeza pode ser um sinal. Se você tem se sentido deprimida, isso pode ser um sinal de que algo em sua vida não está funcionando bem. O que pode ser? Há algo que você não disse ou não fez que a esteja aborrecendo? (Você sabe que sabe.) Qual seria a pequena ação que você deveria fazer para resolver?

9. Feliz (o que é preciso). Acredito que reagimos mais emocionalmente quando passamos um tempo ignorando nossas necessidades. Se o Sindicato está relatando uma frequência maior que a de costume de sentimentos negativos, pergunte-se "Como posso me nutrir?". Se você quer se sentir melhor, faça coisas boas para você e para os outros também.

10. Faça. Depois que descobriu o que pode nutrir você e os outros, programe-se para realizá-lo no dia seguinte, se possível, ou pelo menos ainda nesta semana.

11. Agradeça a você mesma. Agradeça por fazer a escolha positiva de tornar-se mais íntima de si mesma.

UM BAIRRO DISCIPLINADO: A DIRETORIA MENTAL

As coisas parecem bem diferentes à medida que você vai para o Bairro da Diretoria Mental. Os sons são abafados. Nada está fora do lugar. Cada planta e cada banco no parque estão colocados a uma distância razoável do seguinte. Ah, sim, a lógica é a lei desse pedaço. Bem diferente do oba-oba de energia desenfreada de onde você acabou de vir.

A sua Diretoria Mental é um gênio da materialização. Seu lema é "Aquilo em que você põe a sua atenção, cresce". Por serem muito metódicos, eles podem ajudar você, Prefeita, a priorizar e interpretar as informações de modo que você possa traçar o caminho que vai levá-la a conseguir mais do que você quer.

Entretanto, a Diretoria Mental pode ser muito determinada em seus métodos. Muitas Diretorias Mentais apreciam o *status quo*. Seus membros adoram analisar o que pode... o que deve...

o que vai, provavelmente, dar errado. Portanto, eles são ligados ao passado e ao futuro. Eles preferem manter os freios puxados a dirigir para um território desconhecido. O problema é que: cada novo dia é um território desconhecido.

Splash!

A Diretoria Mental adora expectativas. É muito organizada e previsível. A sua mente sai correndo à frente de uma situação e monta uma imagem do que deve acontecer. A seguir, retira-se confiantemente sabendo o que esperar. Se a sua cabeça for como a minha, ela acha que criou uma obra de arte. Na verdade, ela estava fazendo uma busca minuciosa na lata de lixo do passado e arremessando tudo o que encontrou lá no futuro.

Splash! As lembranças do meu ex-marido estão escorrendo pela face do meu novo namorado. E só o que ele fez foi esquecer de abrir a porta do carro pra mim. Não leva mais do que um minuto para a minha mente mergulhar no lixo e encontrar algo que está muito errado. "O homem dos meus sonhos me trata com carinho e me adora... portanto, o próximo passo óbvio é que ele abra a porta do carro para mim. Veja só. Ele não abriu a porta do carro. Obviamente, ele não me ama. Mas ele diz que me ama. Portanto, ele deve ser um dissimulado, duas caras como o meu ex. Meu ex odiava abrir a porta do carro. A porta do carro é a prova. Não abrir a porta do carro + pessoa com pênis = desastre.

Splash! Não deixe o passado estragar o presente

Ele provavelmente tem outra mulher. É por esse motivo que não se lembra de abrir a porta do carro. Sim, claro, aposto que ela está... no porta-malas! Ele cortou-a em pedacinhos. Eu tenho que romper com ele. Agora! Socorro! Deixa eu descer desse carro!"

Sua mente pode ser uma perdedora doentia. Se a realidade não corresponde ao quadro que sua mente tão cuidadosamente pintou, ela tentará convencê-la de que a realidade está errada. Mas a realidade não é diferente só porque nós desejamos. Infelizmente, para a mente o que é... **é**. Pode simplesmente acontecer de a mente não gostar que seja daquela forma.

Aposentando os Críticos

Alguns dos membros da Diretoria Mental formaram um desprezível Comitê de Críticas cujos membros acham-se de longe os mais inteligentes de Vocelândia e acham também que encontrar defeitos é uma virtude cardinal. E eles adoram se apropriar de um microfone. Se você pegar uma área de sua vida que não está muito bem, provavelmente vai descobrir que o Comitê de Críticas colocou lá um alto-falante que repete sem parar aquela mesma ladainha interna limitante ou negativa: "Eu não sou capaz", "Eu tenho medo de...", "Não sou competente o suficiente para...". Um monte de lixo acontece nesse Comitê.

Mande o seu Comitê de Críticas tirar férias prolongadas

Quando você sonha com o sucesso, alguém lá dentro de sua cabeça pergunta "Quem você pensa que é?". Quando você se olha no espelho, o que vê são defeitos em vez de beleza? Se for coisa ruim, eu aposto que você poderia estar usando a sua Diretoria Mental de modo mais eficiente.

Como?

A Diretoria Mental é melhor como empregado do que como chefe. Sabe quem é o chefe? Você! Coloque o brilhantismo dessa Diretoria a serviço de seu coração e de seus sonhos. Lembre-se: aquilo em que você põe a sua atenção, cresce. Como Prefeita, você pode escolher exibir os aspectos maravilhosos de Vocelândia. Imagine-se vivendo uma vida maravilhosa e tirando um proveito danado de sua ótima saúde, riqueza e felicidade. Imagine isso com frequência. Depois, mande a sua mente se concentrar nas soluções ao invés dos problemas. Se você for como a maioria de nós, vai precisar de prática. Mas vale a pena. Eu posso garantir.

Jogo da Diretoria Mental: A Solução da Solução

Com esse jogo você vai conseguir turbinar tanto a sua vida pessoal quanto a profissional. Uma estratégia de sucesso poderosa é manter-se focada em criar resultados positivos. É uma das maneiras mais rápidas de deixar de ser uma resmungona e tornar-se uma vencedora.

1. Centre-se. Inspire profundamente. Solte. Agora inspire o brilhantismo. Expire o fardo. Repita três vezes para se sentir mais centrada.

2. Peça para o bem de todos. Como Prefeita, aguarde um momento e assuma seu posto; peça que suas escolhas sejam pelo bem de todos.

3. Estabeleça a sua intenção. Estabeleça a intenção de descobrir cenários de sucesso.

4. O que você quer? Pense um pouco sobre algo maravilhoso que você gostaria de fazer, ser ou ter.

5. Visualize. Digamos que você deseja dobrar sua renda. Imagine-se gostando da diversão e da liberdade que toda aquela grana vai dar a você.

6. Ouça. O que passa pela sua cabeça quando você vê essas imagens? Você escuta uma voz dizendo todas as razões pelas quais isso não vai acontecer? "É impossível." "Eu não consigo ganhar mais dinheiro." "Fui despedida do meu último emprego." "Não sou inteligente o suficiente." Sim, sim. Agradeça ao Comitê de Críticas por ter aparecido.

7. Faça uma mudança. Como Prefeita, é você quem está no comando do que quer dizer a você mesma. Você pode mudar a sua "conversa interna".

8. Rápido, uma imagem. Pense em uma maneira de ganhar R$ 1,00. Agora, pense em uma ideia que pode lhe dar R$ 100,00. Excelente. Agora imagine R$ 1.000,00. Maravilhoso. Agora tenha uma ideia de R$ 1.000.000,00. Muito bem! (Qualquer pequena ideia vale!). Notou como você teve diferentes imagens para cada ideia?

9. Faça um *brainstorming*. Agora mande a sua Diretoria Mental fazer um *brainstorming* para encontrar soluções de como tornar real o que você imaginou. A melhor maneira de conseguir algumas ideias é ter muitas delas. Elas não têm que ser muito boas. Elas não têm que funcionar, nem mesmo tem que fazer muito sentido. Apenas crie uma enxurrada de possibilidades.

10. Escreva. Anote suas Soluções à medida que elas surgem (sem censura ou espiadelas do Comitê de Críticas, por favor!).

11. Reveja-as. Depois que você teve dez ideias (tolas, ridículas e impossíveis também contam) reavalie sua lista. Há alguma abordagem em que você não havia pensado antes? Há algum passo a seguir que você pode explorar mais? Bravo! Se não houver, tudo bem, também. Você pode continuar jogando para encontrar a solução, ao invés de se concentrar no problema.

12. Aquilo em que você põe a sua atenção, cresce. Permaneça focada no que você mais deseja e em como pode alcançá-lo.

13. Agradeça a você mesma. Agradeça-se por escolher descobrir o poder do foco no positivo.

O CENTRO DE VOCELÂNDIA: O GERADOR DE PERSPECTIVAS SAGRADAS

Agora você chega ao seu destino final: o Gerador de Perspectivas Sagradas. Dentro de Eulândia, esse local é um verdadeiro santuário que se situa no topo de uma colina no meio da cidade. Essa é uma imagem que inicialmente ofereço aos meus clientes. Com o tempo, eles podem encontrar sua imagem preferida. Visualize-se caminhando por uma colina verdejante no meio de Vocelândia. Deixe as pressões do dia se desmancharem à medida que você caminha. Note a quietude da natureza, sinta a brisa suave farfalhar no seu cabelo, desfrute da vitalidade envolvente de seu corpo enquanto caminha. Mensagens positivas, animadas, gostosas e escritas em Corporês estão brotando a cada passo que você dá.

Ao chegar ao topo da colina você vê que está se aproximando de um belo santuário. Bem-vindo ao seu Gerador de Perspectivas Sagradas (GPS). Você deve ter ouvido rumores de que nele mora um Sábio, o cidadão mais erudito de Vocelândia. É um lugar onde você se sente completa e em paz. Você pode experimentar espontaneamente um sentimento de gratidão. Ao contemplar aquela vista, note que ali, acima do burburinho, você tem *insights* profundos com maior facilidade. "Não seria maravilhoso se eu pudesse ter acesso a toda essa sabedoria?", você pensa.

No momento em que esse pensamento brota em sua mente, você sente uma presença gentil e amorosa. "Você pode", diz uma voz em algum lugar lá dentro. É, então, que você se vira para conhecer o seu Sábio interior.

O Sábio

Talvez você perceba o seu Sábio interior como uma presença cheia de sabedoria ou simplesmente como uma sensação de conforto e bem-estar. Seu Sábio personifica qualquer qualidade grandiosa que você possa imaginar: amor incondicional, compaixão, alegria, e ainda, o milagre dos milagres, a paciência.

A ideia de um Sábio interior pode parecer muito esotérica, como uma viagem a um acampamento místico, mas pelo menos cheque. Dê uma chance. Você pode ter alguns ótimos *insights* quando se sintonizar. O Sábio representa o acesso à sua essência, a quem você realmente é. Ele vê a unidade de tudo e sabe o que é melhor para todos, mesmo quando você não sabe. Você pode pensar nele como o seu conselheiro espiritual interno, a sua ponte para o Bem Maior, sempre presente e pronto para servir à Vocelândia sempre que você pedir.

Eu frequentemente sugiro aos meus clientes para que peçam por palavras de encorajamento e orientação. Os resultados são geralmente tão corretos a respeito de dinheiro que o cliente e o Sábio fazem planos de conversarem regularmente. Seu Sábio pode ser um excelente aliado. Por que não gastar um pouco de tempo com o seu Sábio e ver o que funciona para você?

Nunca se Perca Novamente

Não há nenhum equívoco no fato de que o Gerador de Perspectivas Sagradas (GPS) e a tecnologia de ponta usada para ajudar a encontrar direção conhecida como GPS (*Global Positioning System* — Sistema de Posicionamento Global) tenham a mesma sigla. O GPS é, atualmente, um equipamento-padrão utilizado em carros e celulares, mas sempre esteve presente nos seres humanos. Sim. Cada um de nós já vem equipado de fábrica com uma bússola interna. Você tem consultado a sua com regularidade ou se esqueceu de como usá-la?

> **Use seu equipamento de fábrica, a sua bússola interior — o seu GPS**

Com o tal GPS no seu carro, você coloca o endereço para onde quer ir e o dispositivo mostra como chegar. Ele diz onde virar, antes mesmo de você chegar perto do lugar. O GPS de Vocelândia é aquele saber intuitivo que leva você a, de repente, sem mais nem menos, telefonar para aquela amiga de faculdade há muito tempo esquecida. E aí, então, alguns dias mais tarde ela a convida para uma festa onde você conhece o seu futuro marido.

Às vezes o que o seu GPS diz, parece não fazer sentido. Isso acontece porque ele está vendo as coisas de uma perspectiva mais elevada que todos os demais em Vocelândia. Cabe a você interpretá-lo. No seu carro, o GPS pode sinalizar que você deve virar à esquerda. Você, no entanto, pode querer parar e pôr gasolina ou tomar um lanche, antes de, finalmente, virar à esquerda. O mesmo acontece em Vocelândia. Como você é a Mandachuva, você analisa o conselho do seu GPS interno e escolhe o que é melhor para você no momento.

| Suas Escolhas + Suas Ações = Sua Vida |

O GPS é um equipamento muito útil para se ter no carro. E acessá-lo não é difícil. Tudo o que você precisa fazer é sintonizar-se. Aquela vozinha conecta você à orientação do Grande Bem que está cuidando de você.

O Jogo do GPS

Você já olhou o mundo do topo de uma montanha? Você se lembra daquele primeiro momento de espanto e admiração quando olhou para o mundo lá embaixo? Olhar para a sua vida de sua própria perspectiva como se estivesse no alto de uma montanha pode ser surpreendente. Você pode até mesmo encontrar respostas e meios para alcançar os seus objetivos que, de outra forma, você jamais teria sonhado.

O que você precisará: alguns momentos de silêncio. Não se esqueça de desligar o seu telefone.

1. Centre-se. Respire profundamente. Solte. Agora, inspire paz. Expire ansiedade. Repita três vezes para se sentir mais centrada.

2. Peça para o bem de todos. Aguarde um momento e assuma seu posto de Prefeita. Peça que a sua conexão com sua essência seja para o melhor.

3. Estabeleça a sua intenção. Estabeleça a sua intenção de se ligar à sua autêntica sabedoria.

4. Suba a montanha. Imagine-se subindo uma montanha linda, cheia de árvores. Sinta a brisa, a fragrância forte da vegetação, ouça o barulho das folhas crepitando sob os seus pés. No topo da montanha, você estará em seu espaço sagrado.

5. Seu Santuário. Ao entrar em seu Santuário, você sente o aconchego de um saber interior. Este é um lugar onde você se sente respeitada, segura e acariciada.

6. Seu Sábio. Ao tornar-se profundamente centrada em sua grandiosidade, você vê um ser amoroso e sábio, caminhando em sua direção — é o seu Sábio.

7. Um presente. Seu Sábio tem um presente para você. Receba esse presente, seja lá o que for, mesmo que não faça muito sentido para você nesse momento. Com o tempo você poderá descobrir o seu significado e a sua finalidade.

8. Pergunte. Pergunte ao seu Sábio, se ele ou ela tem

palavras de inspiração ou orientação para você. Anote qualquer imagem estimulante, palavra, odor ou outras sensações que possam emergir.

9. Ouça. Ouça profundamente. Mantenha-se aberta e receba seu próprio apoio interior. Há passos positivos a serem tomados? Se perceber que poderia ser benéfico conversar com mais frequência com seu Sábio, faça planos para que isso aconteça.

10. Agradeça a você mesma. Agradeça-se por fazer a escolha positiva de explorar a sua sabedoria inerente.

UMA REUNIÃO MUNICIPAL EM VOCELÂNDIA

Bom, essa é a jogada. Vocelândia é uma fonte de inteligência de vários tipos. Você pode entrar em contato com suas sensações corporais, com a ardente sabedoria de suas emoções, com os dons analíticos e de visualização de sua mente, e com a visão de longo alcance que reside na sua parte mais sábia, capaz de saber o que é melhor para todos (inclusive para você). Apoiando-se nessa riqueza de dados, cabe a você, como Prefeita da cidade, decidir o que é melhor para Vocelândia. Você é quem tem o poder de fazer escolhas conscientes. E não apenas isso. Ninguém, a não ser você, tem a condição de fazer uma escolha e colocá-la em prática.

Como você junta todas essas informações? Já que é a Prefeita, por que não convocar uma Reunião Municipal? Junte todos para uma votação sobre a situação.

Em algumas Vocelândias, a Reunião Municipal pode ser feita numa sala de conferências em forma de painel ao redor de uma bonita mesa redonda de madeira maciça. Em outras, essa reunião pode acontecer numa praça da cidade. Como seria uma Reunião Municipal para você? Visualize o seu local de reunião preferido, onde você gostaria de juntar regularmente as suas comunidades.

Faça do jeito que quiser. Permita-se fazer melhorias sempre que desejar.

Como em todas as cidades, algumas comunidades podem ter desavenças entre si. Talvez não haja compatibilidade emocional com o sr. Perfeitão idealizado pela Diretoria Mental. Talvez seu corpo anseie por um sorvete enquanto sua mente está determinada a caber num biquíni. Mas à medida que você vai conhecendo melhor Vocelândia, você pode descobrir que o que parecia facção, na verdade não é.

Digamos que você acabou de chegar a sua casa. O GPS e o Sindicato das Emoções podem concordar em fazer uma torta para aquele vizinho que acabou de perder o emprego. A Aliança das Partes do Corpo, contudo, está dizendo que um banho de espuma é absolutamente necessário, enquanto a Diretoria Mental está preocupada em ir dormir na hora certa. Pare. Convoque uma reunião. Ouça cada um. Como Prefeita, você tem muitas opções. Você poderia decidir fazer a torta e depois tomar o banho e daí ir para a cama um pouco mais tarde nessa noite, em nome da solidariedade. Ou talvez, tomar o banho primeiro, e aí ir comprar uma torta, e ir para a cama no horário habitual. Ou adiar a torta para amanhã, tomar o banho e ir para a cama bem mais cedo. Qual delas você escolherá? Apenas certifique-se de que a escolha seja boa para todos em Vocelândia. E aí você sentirá a sua energia, o seu "sim", alinhar-se com sua decisão.

Aprenda a Fazer uma Reunião Municipal em Vocelândia

Fazer uma Reunião Municipal soa como mais uma coisa na sua lista de deveres? Mas pode ter certeza de que inspecionar a Vocelândia vai levar só alguns minutos, que valerão cada segundo investido. Na verdade, nos dias em que você estiver mais ocupada, é que essa inspeção consigo mesma será mais importante.

1. Centre-se. Inspire profundamente. Solte. A seguir, inspire paz. Expire a tensão. Repita três vezes para se sentir mais fortalecida.

2. Peça para o bem de todos. Como Prefeita, aguarde um momento e assuma seu posto. Peça para que suas escolhas sejam para o bem de todos.

3. Estabeleça a sua intenção. Como Prefeita, você quer ter clareza sobre algum problema? Ou consenso e cooperação para mudar um comportamento? Seja clara a respeito do resultado positivo que você está procurando.

4. Convide a todos. Conecte-se com o seu Sábio. Convide a Aliança das Partes do Corpo, o Sindicato das Emoções e a Diretoria Mental para que se juntem a você.

5. Compartilhe abertamente. Deixe que cada parte expresse o seu ponto de vista. Ouça atentamente. Isso ajudará você a ver, de diferentes ângulos, a escolha que está fazendo.

6. Descubra. Há alguma comunidade que não esteja de acordo com a decisão que você está tomando? Peça mais informações. Aquela sua parte precisa de alguma coisa em especial? Estaria ela vendo algo que as outras partes não perceberam? Mantenha-se alerta.

7. Você decide. Como Prefeita, proceda a uma escolha que respeite o que for melhor para Vocelândia. Você é quem faz as escolhas conscientes. Vá em frente!

8. Nutrir. Pergunte às suas comunidades se há alguma ação em especial que apoiaria e nutriria Vocelândia como um todo. Cuidar de seu eleitorado é uma ótima maneira de obter cooperação para alcançar um objetivo.

9. Agradeça a você mesma. Agradeça-se por fazer uma escolha que respeite o seu bem mais precioso.

capítulo 4

você está jogando futebol de vestido e salto alto?

Você Tem Mais Apoio do Que Supõe

"Deus é o tipo de sujeito em quem você pode confiar", foi o conselho que meu amigo me deu numa manhã fria de outono. Na ocasião, eu provavelmente lancei um daqueles olhares de "por-favor-você-acha-que-isso-vai-me-ajudar-a-pagar-as-minhas-contas?". Claro que ele podia confiar no Universo. Ele tinha uma mulher linda e uma família maravilhosa, vivia numa casa sensacional e passava férias exóticas. Ele dirigia uma BMW esportiva e não precisava passar reto com o seu carrinho no supermercado, cortando da lista as alcachofras, por serem caras demais.

Eu olhei para aquela pessoa com uma vida-perfeita-de-álbum-de-fotografia e lábio superior franzido. Avaliei minha própria vida e senti como se eu estivesse trajando vestido e salto alto e cara a cara com o melhor time de futebol. E não encontrei nenhuma solução. Aquelas malditas contas do cartão de crédito ficavam martelando tão forte na minha cabeça que eu já estava enxergando tudo em dobro.

Como eu ainda poderia pensar em acreditar num ser divino? Eu havia descoberto recentemente que meu marido era desvairadamente infiel. E ainda por cima, eu havia perdido meu emprego. Eu estava vivendo numa casa de fundos, dirigindo um carro emprestado todo amassado com um teto estropiado porque eu estava tão "dura" que não podia nem assumir uma pequena prestação. E sobrevivendo à base de pasta de amendoim para poder liquidar o Mastercard.

É claro que o John podia confiar no Homem-Lá-de-Cima. Sua vida funcionava. A minha era um fiasco. O seu GPS estava funcionando, o meu obviamente estava pifado. O Alto Escalão designou-lhe um "Senhor Técnico" que o havia orientado e assistido durante todo o percurso até as finais do campeonato. O meu, tinha me deixado sentada no banco de reservas.

63

Ah, Para Você é Fácil Falar

Como John é uma pessoa muito sensível, ele assimilou facilmente o meu discurso interno. Reconheceu a terrível dificuldade das circunstâncias e concentrou-se em tudo o que havia de bom em minha vida. Ele me fez lembrar, primeiramente e mais importante de tudo, de minha saúde e da riqueza de pessoas em minha vida que, genuinamente, cuidaram de mim — como ele próprio e sua mulher Gracie. Mostrou-me como eu era afortunada por ter amigos íntimos numa fase tão difícil. Mais ainda, que a mãe de meu ex-marido estava realmente me emprestando um carro. E, também, que eu tinha um teto para morar — pequeno, mas adorável.

Você não odeia quando as pessoas cortam as suas queixas pela metade? Eu, com certeza, odiei! John me assegurou que um dia, eu olharia para trás, para essa época da minha vida e a consideraria uma benção. Uma benção? Olhei para ele como se ele estivesse fumando "crack".

Mas ele não desistiu. Disse que eu tinha a chance de ser a fênix — aquele antigo pássaro mítico que se levantou das cinzas da sua pira funerária e, milagrosamente, renasceu. Ele e Gracie sabiam que no meio de todo aquele desafio estava a oportunidade de eu me tornar uma pessoa mais forte e melhor.

Mais forte e melhor? Pois sim!

Mas do ponto de vista de John, minha precária situação representava uma nobre procura. Inconscientemente, eu havia me colocado em chamas. Agora, a decisão era minha: eu podia rolar na fuligem da autopiedade ou podia começar a fazer escolhas que me tornassem um ser fantástico. Quando ele me relembrou que o Espírito viu a minha bondade mesmo quando tudo o que eu via eram os restos carbonizados do que um dia eu havia chamado de vida, ele tocou em algo profundo e poderoso.

Eu pensei na Cinderela e nas cinzas. Quando eu era garotinha, sempre queria passar correndo pelo começo dessa história, quando ela vivia coberta de cinzas de carvão e vestida com trapos para chegar logo na parte em que ela vestia roupas maravilhosas e encontrava seu Príncipe Encantado. Quando criança, eu já adorava uma bela tiara e um vestido bonito. Eu dei um suspiro profundo e decidi que já era hora de espanar as cinzas e ir procurar o meu vestido de baile.

> **Respire profundamente. Espane as cinzas.**
> **E vá procurar o seu vestido de baile**

John estava certo. Se eu tinha uma pá para me tirar da confusão em que me coloquei, o Universo tinha uma retroescavadeira (uma dessas máquinas bem barulhentas que servem para cavar). Independentemente de minha aparência, talvez o Técnico *estivesse* me apoiando. Confiar no Espírito, no entanto, para mim era algo tão estranho quanto jogar futebol. Pelo amor de Deus, eu cresci brincando com Barbies.

Descomplique: É Simples!

E você. Há alguma área da sua vida onde você continua sendo derrotada? Independentemente do que você faça, você acaba sempre levando uma rasteira? Nossa, eu posso entender. E se você tivesse acesso a mais apoio do que imagina? Se você não pediu ajuda ao Espírito, esse poderia ser um bom momento para começar. Por que não faz uma tentativa?

Tá bom. *Tá* bom. *Tá* bom. Se você acha que eu vou ficar fazendo pregação, não esquente a sua linda cabecinha. Sou adepta de que você faça o que mais se ajusta a você. Você é a Prefeita e sabe o que é melhor. É só porque eu já vi tanta coisa surpreendente acontecer, depois que pedi ajuda espiritual, que eu me sentiria traindo você se eu não lhe passasse a técnica.

Se a palavra Espírito lhe dá faniquito, use qualquer outra que você goste — Divino, Essência, Universo, Força Maior, *Longa*

Bonga. Eu sinceramente acho que o nome pouco importa. Use um que consiga capturar a sabedoria amorosa que sustenta toda a existência — que inclui você. Compaixão Amorosa Incondicional Infinita também não satisfaz. Ter a intenção de acessar aquela magnificência é que é importante.

"O Bem Maior" é o termo que uso com meus clientes. Ele é neutro. Meus clientes de *coaching* perceberam que quando eles pedem orientação ao Bem Maior, eles penetram num esplendor infinito que lhes permite acessar habilidades que eles não sabiam que possuíam.

E se o "Bem Maior" estiver esperando pacientemente na soleira de sua porta?

Isso acontece porque eles estão se livrando da visão limitada daquele velho e bom companheiro — o ego.

O Bem Maior parece ter modos muito refinados, no entanto. Ele raramente invade a sua vida e aparentemente jamais sonharia em entrar sem ser convidado. Ele a respeita e segue o seu comando. O Bem Maior pode estar sentado na soleira da sua porta, esperando apenas ser convidado para entrar. E se o Espírito realmente amasse você incondicionalmente? E se o Bem Maior estivesse realmente ávido por ajudá-la a desvendar os sonhos escritos no seu coração? E se Deus fosse mesmo o tipo de cara em quem você pudesse confiar?

Quando eu esqueço de pedir ajuda, sinto-me uma completa idiota, porque sempre desejei receber as graças de Deus. Mas venho de uma longa linhagem de mulheres teimosas (minha mãe conta que suas primeiras palavras foram "Deixa que eu faço sozinha" e já que a tia Nancy sempre concordou com um movimento de cabeça, deve ser mesmo verdade). Fazer as coisas sozinha faz parte da minha natureza — e foi exatamente por esse motivo que eu acabei caindo em mais um dos buracos da vida.

Negação Não é a Atitude
Certa Para Isso

Por mais de uma década, o dinheiro foi a área em que sempre tive mais dificuldade. Embora eu tivesse um diploma universitário de uma boa faculdade, houve épocas em que um punhado de moedas era todo o dinheiro que eu tinha na carteira. A estratégia que eu havia criado para lidar com o meu caos financeiro era muito simples: eu me mantinha inconsciente.

Negação. Esse é o termo. Esse era o lema da minha vida financeira. Eu abria uma conta bancária e aí quando os cheques começavam a voltar, por falta de fundos, eu ia a outro banco e abria outra conta. Para que se preocupar em ter uma conta equilibrada? Eu sempre fui ruim de matemática. Quando os cheques eram devolvidos no novo banco, eu sabia que estava sem dinheiro outra vez. (Eu acho que eu não compreendia claramente o quanto isso era insano até eu começar a dar palestras. A plateia costumava soltar gritinhos abafados toda vez que eu estava contando essa parte da minha biografia.)

Liquidar as dívidas do cartão de crédito parecia tão impossível quanto tentar chutar uma bola para o gol, usando minissaia e segurando com as mãos para ela não subir. (Como acontece no futebol, os pênaltis estavam me matando.) Assim que eu fazia um pagamento, já havia outro atacante adversário na forma de extrato bancário pronto para me derrotar. Nessa época, eu ganhava dinheiro fazendo teatro e gastava tudo rapidamente. E, como 98% dos atores, entre um trabalho e outro eu arrumava uns bicos medíocres de baixo salário. Um cheque sem fundos era como um juiz de futebol apitando e avisando que eu havia cometido mais uma falta.

Eu me sentia completamente inútil. Já havia comprovado repetidamente que eu não iria muito longe, financeiramente, por minha conta própria. Os trabalhos no teatro foram rareando e a minha habilidade para pagar as contas, diminuindo. Eu não possuía outras habilidades com as quais pudesse competir no mercado de trabalho, a não ser os meus conhecimentos de Shakespeare, uma veia humorística muito boa e um sotaque indígena de matar. Desnecessário dizer que as ofertas de trabalho em empresas não estavam exatamente aparecendo em grande número.

Foi mais ou menos nessa época que o John me falou sobre a ideia de convidar o "Bem Maior" para ser meu parceiro. *Hum, isso significa ter como colega o Ser Divino que criou todas as coisas e a todos ama?* Eu achava que o Criador estava ocupado demais cuidando do Universo para se interessar por uma coisinha como eu. Olhe só todos esses peixes tropicais que estão sendo descobertos. Olhe para todas essas traquitanas eletrônicas que estão sendo inventadas... Eu imaginava que ele estivesse com as mãos ocupadas. Além do mais, as minhas pequenas questõezinhas tolas não eram profundas, nem espirituais o suficiente. Mas, o que importa, decidi fazer uma tentativa assim mesmo.

Entrando em Campo

Então, convidei o Todo Poderoso para descer do seu Zepelin, vir para a minha vida diária e entrar em campo. Em vez de ficar circulando pelo céu e tirando suas fotos aéreas, eu queria que o Bem Maior viesse aqui para baixo, para o jogo. Minha atitude era mais ou menos a seguinte: "Vamos lá, BM (Bem Maior), vista chuteiras e caneleiras e venha chutar traseiros". Puxa, que surpresa.

Sim, nós podemos

O Espírito me avisou que não é um jogo de chutar traseiros, mas um jogo de amar e perdoar. Uma voz interior muito gentil me relembrou que eu tinha os talentos e habilidades para fazer meus próprios gols e que se eu mesma não acreditava em mim o Bem

de derrotada a poderosa

eli davidson

Maior acreditava. E que, na verdade, o Espírito e eu poderíamos fazer isso juntos, como uma grande dupla de ataque.

Eu me recordo de ter tocado levemente em uma tabuleta no meu banheiro que dizia: "Sim, nós podemos". Era muito reconfortante pensar que eu tinha um aliado poderoso. Esse pequeno letreiro me dava um pouco mais de confiança todos os dias. Meu problema não era ser uma inútil. A questão é que eu queria fazer tudo sozinha. Em algum momento, eu superei essa dificuldade e decidi ouvir os conselhos do Bem Maior porque, afinal de contas, ele inventou o futebol.

Para ser sincera, eu nunca entendi a atração daqueles homens de chuteira e meiões brigando por uma bola. Qual é a graça em um bando de marmanjos correndo atrás de uma bola de um lado para o outro de um campo à espera de um gol, sendo interrompidos por um outro cara com um apito? Meu irmão Seth costumava sentar-se ao meu lado e ficar me mostrando onde estava a bola. Eu era igualmente ignorante quando o assunto era ter fé no meu Poder Superior. Sendo uma perfeita sedentária nos assuntos do departamento de ter fé, percebi que precisava "puxar ferro" para desenvolver minha habilidade de acreditar que o Espírito poderia realmente me ajudar.

Exercício da Fé

Igualzinho a uma pessoa que está começando numa academia de ginástica, eu comecei devagar. Comecei a pedir ajuda ao Espírito em pequenas coisas, como, por exemplo, encontrar uma vaga para estacionar o carro (você pode rir, mas em Los Angeles, para conseguir arrumar uma vaga num raio de alguns quarteirões perto de um barzinho, você precisa de um pequeno milagre). Pedir ao Universo para me ajudar a achar uma vaga equivalia a levantar um haltere de cerca de 2,5 kg. Não era muito, mas pelo menos eu já estava começando com alguma coisa. Era só eu pedir a ajuda do "anjo do estacionamento" e... *voilá*! Alguém desocupava uma vaga.

Era tão divertido observar esses minimilagres. Tirei diploma de "treinamento de circuito", aí comecei a pedir orientação ao Bem Maior no início do dia e mantive um diário para registrar todas as bênçãos que se realizavam. Como quando você está treinando na academia, a fé parecia crescer no seu próprio ritmo. Às vezes, eu recebia conselhos bem claros. Outras, não recebia nenhum. Curiosamente, esses momentos de silêncio acabaram me ensinando muito. Aprendi a ser paciente e a não estar no controle das coisas. As bênçãos apareciam no seu próprio tempo, não no meu.

No meu diário eu escrevia: É Deus ou é o acaso? Eu registrava o assunto para o qual eu queria ajuda, como eu pedia essa ajuda e o resultado. Poder folhear páginas anteriores repletas de coincidências fenomenais de boa sorte, estimulavam-me. Quando eu começava a duvidar se aquela coisa toda de acreditar no Bem Maior funcionava, eu olhava nos meus registros. Depois de alguns meses me exercitando ativamente, comecei a confiar e dar ouvidos ao meu guia interior.

O Milagre da Dinheirama

Um dia, por alguma razão aparentemente desconhecida, eu tive um estalo. "Vá fazer algo novo" era a mensagem. Já que eu vinha recebendo ótimos resultados ao seguir aquelas pequenas inspirações, fiquei imaginando como eu poderia checá-lo. "Hum... Faça algo novo... mas o quê?"

Daí me veio uma *Shopportunidade*. Eu tinha visto um treco lindo para o cabelo que estava fora do meu orçamento. Embora eu não tivesse a menor ideia de como fazê-lo, eu imaginei que talvez eu mesma pudesse confeccioná-lo. Aquilo certamente seria algo novo.

Os meus músculos da fé se alongaram enquanto eu me aventurei pelo desconhecido mundo de uma loja de material para artesanato. Comprei uma pistola de cola e colei algumas rosas de seda vermelha numa presilha de cabelo. As rosas eram tão bem feitas que pareciam ter sido colhidas no jardim, naquele instante. As coisas fluíam naturalmente, como se eu estivesse sendo guiada.

Eu estava tão orgulhosa da minha pequena criação, que eu usava aonde quer que eu fosse. Mais tarde, naquela mesma semana, eu entrei numa loja superchique — Fred Segal — de Los Angeles, com minha presilha no cabelo. Foi o meu adorno suntuoso que me deu coragem para entrar num lugar de tanta ostentação. Para meu espanto, uma das funcionárias da Fred Segal me parou e perguntou sobre a presilha e se poderia comprar a mercadoria em quantidade para a loja. Eu vendi mil dólares na primeira semana. Aquilo era um dinheirão para mim na ocasião. Tive uma enxurrada de pedidos de outras lojas. Logo eu estava criando novos modelos. Eu fiz uma presilha com girassóis (a flor símbolo do meu estado natal, o Kansas) e choveram encomendas.

Peça. Ouça. Dê um pequeno passo

Em seis meses, minha presilha de rosas vermelhas saiu na revista *Women's Wear Daily* — famosa revista do mundo da moda. Eu me tornei uma *designer* de acessórios de moda nacionalmente conhecida. Em dois anos eu tinha *showrooms* pelo país todo e estava vendendo minhas peças em mais de mil lojas espalhadas pelo país. Sem experiência. Sem diploma. Sem uma única aula de design de moda. Mas eu tive a sorte de ter o melhor sócio nesse negócio. Ao solicitar a orientação do Bem Maior, eu abri uma riqueza de criatividade e talentos que eu jamais soube que possuía. Durante aqueles dias eu frequentemente me deparei com situações que pareciam absolutamente impossíveis. Mas eu sabia com certeza de que embora eu não conseguisse entender, o Bem Maior conseguia.

Pela primeira vez em minha vida eu havia rompido o ciclo da falta de fundos. Quando abri espaço e deixei o Bem Maior manifestar-se, minha vida se transformou. Primeiro passo: eu pedi ajuda espiritual. Segundo passo: eu ouvi meu guia interior.

Terceiro passo: eu realizei uma pequena ação — fui até a loja de artesanato. A estratégia de sucesso foi fácil, rápida e divertida.

Eu não poderia lhe dizer por que funciona. Mas, novamente, eu não poderia lhe dizer por que a eletricidade funciona, e, no entanto, nem por isso, eu ou você paramos de usar a máquina de lavar ou secar roupas. Siga meu exemplo: faça uma tentativa e veja o que acontece. Para você, como seria um iniciante na aula para principiantes na Academia da Fé? Você talvez descubra que Deus é o tipo de garoto ou garota em quem você pode confiar.

O Jogo do Convite

Se você nunca cogitou pedir ajuda ao Espírito, isso aqui pode parecer um pouco estranho. Mas não tem o que errar quando você está conversando com o Bem Maior. Não há um jeito errado de jogar ou orar, especialmente quando você pede apenas o que é para o bem de todos.

1. Centre-se. Inspire profundamente. Solte. Agora inspire o bem infinito. Expire a autodúvida. Repita três vezes para se sentir mais receptiva.

2. Convide o Bem Maior. Convide a si mesma a alinhar-se com o que for o melhor para todos.

3. Estabeleça sua intenção. Como Prefeita, aguarde um momento e fique aberta a receber a ajuda espiritual.

4. Peça. Peça apoio para alguma área de sua vida que tem sido um desafio para você.

5. Comece pequeno. Agora, não exagere. Se você é principiante, comece com algo pequeno, como por exemplo... pedir que o DVD que você quer alugar, finalmente chegue à locadora.

6. Faça uma pausa. Gaste alguns minutos para ficar receptiva à resposta. Ouça em silêncio a qualquer orientação que venha. (Você pode ser levada a uma nova lanchonete e dar de encontro com o camarada com quem você vem conversando por telefone há um mês.)

7. Confira. Se você receber um conselho, cheque-o. Isso é, dê um pequeno passo em direção à sua execução. Se ele parecer correto, continue. Usando seu bom-senso, é claro. Não faça nada que possa prejudicar alguém ou você mesma.

8. Anote e acompanhe. Registre no seu diário o que você pediu e o que apareceu. Dessa forma você pode checar a situação ao longo do tempo.

9. Agradeça a você mesma. Agradeça por escolher pedir o apoio espiritual.

capítulo 5

não alimente o lagarto

O que Você Faz com os Medos que a Atormentam?

O medo, às vezes, pega você sem nenhuma razão aparente? Você vive assombrada pelo medo de que algo terrível está para acontecer? Você fica paralisada pelo pânico quando pensa em fazer algo novo? Não, você não está ficando louca. O Fator Medo que está fazendo você se paralisar é simplesmente o lagarto em sua cabeça se apropriando de você.

O Lagarto?

Sim, minha querida, o lagarto. Você tem um réptil vivendo bem lá no fundo da sua cabeça. E ele é chamado de cérebro reptiliano; é um remanescente de seu passado genético. É poderoso e tem uma grande vocação dramática, mas nem sempre é tão brilhante.

Dome o lagarto dentro de sua cabeça

O negócio é o seguinte: quase todos os sinais de medo dentro da sua cabeça são alarmes falsos. Alarmes Falsos. (Estou falando duas vezes para você assimilar.) Medo é queda. Quando você toma uma decisão baseada no medo, você está descendo a ladeira rumo à derrota. Sim, aquele pequeno réptil pode a estar levando ao fracasso. O pensamento negativo é um modo muito poderoso de sabotar o seu sucesso. Uma maneira infalível de fazer você ir cada vez mais em direção ao que você deseja é observar e desmantelar os medos que estão no seu caminho. Aprender um pouco sobre o réptil que vive na sua cabeça vai ajudá-la a colocar uma mordaça nele. Portanto, aperte o cinto de segurança. Vamos fazer uma viagem pelo seu cérebro. Eu vou lhe dar todas as informações que você precisa para desmantelar o seu FATOR MEDO para sempre.

Os Três Grandes

Paul McLean, ex-diretor do Laboratório sobre a Evolução do Cérebro, do Instituto Americano de Saúde Mental[3] e autor do livro *O cérebro triúnico e sua evolução*[4], explica que o cérebro humano é formado por três cérebros em um. Cada um deles evolui em um diferente estágio da nossa evolução.

O cérebro mais simples e primitivo é chamado de Complexo-R, ou cérebro reptiliano, devido à sua semelhança com o cérebro dos répteis. Ele controla nossa sobrevivência básica e é centrado essencialmente no medo (apenas reflita sobre como os répteis se comportam).

O segundo cérebro — o sistema límbico — é semelhante ao cérebro dos mamíferos mais primitivos e parece ser o local responsável pelas emoções, pela identidade pessoal e alguns aspectos da memória.

O terceiro cérebro é aquele cuja evolução é mais recente — o neo-córtex — e está relacionado ao pensamento de ordem superior, à memória verbal, ao raciocínio mais complexo, assim como àquelas habilidades linguísticas pelas quais o *Homo Sapiens* é conhecido.

MacLean afirma que os três cérebros funcionam como "três computadores biológicos interligados, cada um com sua própria inteligência específica, sua própria subjetividade, sua própria noção de tempo e espaço, e sua própria memória, movimento e outras funções".

Você deve achar que o neo-córtex comanda os dois outros cérebros, mas não. Num certo momento, qualquer um dos três cérebros pode dominar. Essa é uma das razões pelas quais nós, humanos, somos tão complexos.

---

3 N. da T.: do original: *Laboratory of Brain Evolution at the National Institute of Mental Health*.
4 N. da T.: do original: *The Triune Brain in Evolution*.

O Seu Profundo e Sombrio... Réptil Interior

O cérebro reptiliano, com toda a sua sordidez, não é inútil. Ele é tão fundamental à nossa existência que a inovadora e pesquisadora educacional Elaine de Blauport o chama de cérebro básico. É a primeira parte do cérebro a se desenvolver no útero. E está enterrado na parte mais profunda da cabeça, portanto, é o último a sofrer um ferimento.

É a parte do seu cérebro responsável pela autopreservação e a preservação da espécie. Ele governa funções primárias como o ritmo cardíaco, respiração, pressão sanguínea e temperatura corporal. É aquele que continua funcionando enquanto você dorme. É também a parte do seu cérebro que dispara suas respostas automáticas. Se você quer ver o seu cérebro básico em ação, saia de casa num dia ensolarado com um espelho na mão. Observe como as suas pupilas se dilatam... sem que você nem pense sobre isso. O cérebro básico é programado para agir antes que você pense.

O cérebro reptiliano também tem a tarefa de classificar o violento afluxo de dados que chegam pelos seus cinco sentidos e enviá-los pela sua coluna vertebral até o cérebro — a uma velocidade de 100 milhões de impulsos por segundo. Além de avisar todo o pessoal da Aliança das Partes do Corpo para tratarem de ajustar suas funções corporais, ele ainda resolve que informação é crucial e deve ser enviada ao sistema límbico e ao neo-córtex, e o que pôr de lado. Como ele lida com tanta informação? Bolando um sistema de classificação de padrões, crenças e hábitos, muitos dos quais se formaram durante os seus primeiros anos de vida. As escolhas que ele faz determinam como você transforma o que está acontecendo no mundo exterior em uma experiência interna própria sua, o contexto subjetivo em que você vive.

Velocidade, Não Inteligência

Seu lagarto pode ser poderoso, mas nem sempre é muito inteligente. Nunca encontrei um que fosse capaz de avaliar adequadamente um assunto. Ele arquiva tanto os registros de ameaças passadas reais quanto as imaginárias na mesma pasta (porque ele não consegue distinguir a diferença entre elas). Uma vez que a preocupação básica dele é a sua sobrevivência minuto a minuto, ele monitora qualquer possibilidade de *perigo potencial*. O problema é que ele não consegue distinguir entre o que pode matar você ou apenas quebrar uma unha sua.

> **Obrigada, evolução! A genética nos transformou em pessoas preocupadas**

Observe um lagarto. Como moro na Califórnia, tenho certo número deles por perto. O lagarto fica estendido lá no sol; seus sentidos, geralmente, ficam de guarda. Ao *menor* sinal de uma possível ameaça (como o movimento repentino de uma sombra) ele age velozmente. Você não pode culpá-lo. No mundo dos répteis, os pais não os alimentam, mas os comem. Lagartos-bebês representam almoços deliciosos para suas mamães-lagarto. Não é para menos que o coitado do lagarto de sua cabeça seja um pouco paranoico.

Obrigada, evolução! Atualmente temos um mecanismo genético minuciosamente ajustado que nos transforma em... pessoas sempre preocupadas com qualquer coisinha.

De Volta ao Tempo em que Viver Era Simples: Comer ou Ser Comido

Quando a criaturinha lá dentro da sua cabeça percebe algo potencialmente perigoso se aproximando, ela pressiona o botão de alarme. Campainhas disparam e seu corpo liga um mecanismo conhecido como resposta de ataque-ou fuga. Uma tonelada de pesquisas tem sido realizada sobre os efeitos dessa resposta sobre seu corpo.

Ao pressentir o perigo, suas glândulas adrenais liberam adrenalina e noradrenalina em sua corrente sanguínea. Em épocas remotas, esses poderosos hormônios de estresse ajudaram os seus ta-ta-tataravós a reagirem rapidamente e fugirem, evitando que se tornassem o lanche da tarde de algum tigre dente-de-sabre. Os camaradas que tinham a maior rapidez para apertar o botão do ataque-ou fuga — foram os que sobreviveram e puderam transmitir seus genes às gerações seguintes. Você herdou esses genes. É por esse motivo que você tem um sensor inato capaz de perscrutar o mais leve sinal de perigo.

Atualmente, no entanto, o seu botão do pânico, projetado para protegê-la de ameaças significativas à sua vida, costuma disparar pelas coisas mais triviais. Perceber que você perdeu o seu celular multifunções é um porre. Mas não é uma ameaça de morte. Só que seu cérebro reptiliano não sabe disso... Ele aciona o botão de alarme da mesma forma. Esse é o trabalho dele. De repente, os hormônios do estresse que a mandam "correr-para-as-montanhas" estão correndo nas suas veias. Mas, como você está simplesmente sentada em seu carro numa vaga de estacionamento de um shopping, aquelas substâncias estão se depositando em você, em vez de estarem sendo gastas.

Um excesso desses hormônios pode predispor você a um ataque cardíaco, a um enfraquecimento do sistema imunológico e outras enfermidades físicas. Estudos mostram que níveis elevados de adrenalina estimulam até mesmo o ganho de peso. Sim, queridinha, o estresse pode deixá-la gorda. E quem precisa disso?

A Rainha do Drama Secreto

O talento que falta ao seu lagarto na tarefa de arquivista, é compensado pela habilidade em dramatizar. Ele esquadrinha o mundo em busca de catástrofes, assim como uma atriz busca algo incomum para se promover. Ele vê sinais de *Perigo! Cuidado!* em qualquer coisa. Ele não se pergunta se aquilo é *real* ou *imaginário*. Que importa? Como a atriz, ele tem um ótimo roteiro e segue em frente.

Imagine um limão cheiroso e suculento. Agora imagine uma senhora grisalha cortando-o pela metade. Visualize-a oferecendo o limão reluzente e convidando-a a pegar um pedaço. Você sente que as suas glândulas salivares começaram a funcionar? Se você for como a maioria das pessoas, sua boca, nesse momento, tem mais saliva do que a um parágrafo atrás. Isso ocorre porque o seu réptil interior está puxando e empurrando alavancas novamente.

Há uma Miss Calamidade em seu cérebro

Além de responder ao aroma do limão, seu lagarto interior está também notando o perigo iminente que pode haver em uma senhora agitando uma faca na mão. Enquanto ele manda um rápido lembrete ao seu sistema nervoso autônomo dizendo: "Cuidado com velhinhas esquisitas segurando facas" — isso não leva a sua mente a criar cenas de terror e fazer o seu coração disparar? Isso é que é "dramatizar uma catástrofe" — imaginá-la onde realmente ela não existe. O seu lagarto é um mestre nesse tipo de coisa. É ele quem adora gritar nos filmes de terror.

Por que permitir que um atorzinho dirija a sua vida? O único momento em que você deve dar bola ao seu réptil assustado é quando você estiver diante de um ônibus vindo em sua direção. E com que frequência isso acontece?

Por que Deixar o seu Passado Arruinar o seu Presente?

Seu cérebro básico é um gênio em generalizações. Se os seus antepassados tiveram de fugir de um mastodonte que estava escondido atrás de um penedo marrom, o cérebro reptiliano registrou que se deve ter muito cuidado toda vez que se tiver que passar por um penedo marrom. Ter cuidado ao passar por um penedo marrom salvou a vida de muitos homens da caverna. Acontece que o seu lagarto ainda está vivendo desse drama.

Generalizações, contudo, raramente são precisas. Na verdade, a maior parte delas são completamente falsas. Digamos que um cara loiro, de olhos azuis, chamado Mike, partiu seu coração há quinze anos, e eu atualmente a apresento a um deus grego irresistível, que por acaso também é loiro, de olhos azuis e se chama Mike. Embora o sujeito possa ser o homem mais gentil do planeta, se o seu cérebro básico classificou homens de nome Mike, com olhos azuis e loiros e arquivou-os na pasta D, de Dor, você pode querer fugir — e perder um relacionamento maravilhoso.

Instale alarmes vermelhos ao redor das generalizações. Elas são seu medo se expressando. "Eu nunca melhoro no trabalho", "Políticos não prestam", "Nunca consigo fazer dieta" são alguns exemplos comuns. Quais são as suas? Da próxima vez que você se pegar fazendo uma generalização desse tipo, pare um momento. "Pressione a tecla PAUSA", como costuma dizer minha amiga e escritora Mimi Donalds, e analise se o que você está dizendo é realmente verdade. Você pode descobrir que seu lagarto enjaulado está reagindo antes que outras partes suas tenham tido a oportunidade de se manifestar.

Mais Estranho do que a Ficção: Um Milagre numa Caixa de Sapatos

Jane caminhava pela vida como se alguém lhe tivesse tirado toda a sua energia. Ela ia ao trabalho e voltava para casa, não tinha amizades profundas. Era atormentada pela lembrança de não ter sido uma criança desejada. E o fato de seus pais nunca terem ido sequer a uma de suas apresentações escolares era a prova disso.

Um dia ela encheu-se de coragem e perguntou aos seus pais:

"Eu acho que nenhum de vocês dois jamais se importou com o que era importante para mim. A música era tudo para mim. Por que vocês nunca foram assistir a nenhuma das minhas apresentações?".

Os pais olharam para ela num silêncio chocante. Sua mãe sacudiu a cabeça, saiu vagarosamente da sala e voltou trazendo uma pequena caixa de sapatos. Ao abri-la, ela foi pegando fotos e mais fotos. Jane começou a soluçar enquanto olhava para as fotos: lá estava ela com seus pais... em suas apresentações.

> **Estranho, mas verdadeiro: uma lembrança pode ser um fato ou uma ficção**

Os pais de Jane haviam ido a quase todos os seus *shows*. Estranhamente, por alguma razão desconhecida, seu réptil interno havia descartado aquelas lembranças. Por mais impossível que possa parecer, aquilo que você recorda pode estar muito distante dos fatos verdadeiros. Essa é uma das razões pelas quais eu sempre aconselho meus clientes a se aterem ao que está ocorrendo em suas vidas no presente, e ao que eles desejam que aconteça.

Você não tem que acreditar em tudo o que pensa. Antes de desperdiçar uma oportunidade, faça um favor a você mesma e confira os fatos. Faça perguntas. Usufrua do benefício da dúvida. Por que não se dar uma chance e abrir o seu coração àquele loiro de olhos azuis chamado Mike?

O Medo é o Alimento do Lagarto

Quando você alimenta algo, ele cresce. Cada vez que você dá ouvidos ao seu medo, você está alimentando o seu lagarto. Cada vez que você faz uma generalização sem checar os fatos, você está alimentando o seu lagarto. Cada vez que você realiza uma ação baseada no medo, você está dando ao seu lagarto uma porção dupla de alimento.

Como Elaine de Beauport diz "Você é o condutor de seu cérebro". Na próxima vez em que se sentir paralisada pelo seu medo, pergunte-se: "Eu vou permitir que um pequeno réptil dirija Vocelândia?". Claro que não! Você é a Prefeita. Agradeça ao réptil da sua cabeça pelo trabalho que ele vem fazendo, mantendo tudo funcionando, mas é você quem está no comando de sua cidade.

Para anular o filtro do Medo do lagartão lá do fundo do seu cérebro, tente submeter essas informações a um pequeno teste. Pergunte-se: "Isso é um fato ou é uma *Mera Expectativa sem Dados Objetivos?*". Quanto mais você faz essa pergunta, mais consciente você fica de que não está vendo o mundo por meio do filtro do M.E.D.O.

Como Lidar com o Lagarto: Algumas Lições

Pense no seu fator medo como um animalzinho de estimação que precisa de adestramento. Como se treina o lagarto de sua cabeça? Com amor e compaixão. Aquele réptil foi colocado lá para servi-la. Não é preciso muito para reduzir o seu medo a um tamanho administrável e então deixá-lo lá. Seja paciente com o seu animalzinho, ele está fazendo o melhor que pode. Aqui vão algumas dicas básicas de treinamento:

Uma maneira inteligente de começar é simplesmente observá-lo em ação. Muito da "Fala do Lagarto" está tão enraizado e inconsciente que você provavelmente não se dá conta. "Por que estou com medo nesse momento? Onde eu consegui essa informação? Isso é um fato real ou uma Mera Expectativa sem Dados Objetivos?" Questione-se. Checar as coisas vai ajudá-la a reduzir o seu medo.

Quando pensamentos limitantes ou de medo vierem à mente, não lhes dê maior importância do que o necessário. Converse com o réptil de sua cabeça como você faria com um animalzinho de estimação muito querido, relembrando àquele réptil trêmulo que, no momento, quem está no comando é o mamífero: "Não se

83

preocupe. Eu vou cuidar de nós dois. Eu sei que você está assustado, mas está tudo bem. Eu posso lidar com essa situação".

Tente cortar a possibilidade de receber mais informações. Uma vez que o medo é um motivador instintivo, ele é ótimo para interromper sua noite de sono com lengalenga. Ao gritar bem alto, seu cérebro reptiliano quer saber sobre cada pequeno rasgo de perigo potencial, mesmo que ele esteja lá há 15 mil quilômetros de distância. Quanto mais o seu lagarto recebe informações de que o mundo não é um lugar seguro, mais força ele tem sobre as suas decisões. Se uma cliente é especialmente orientada pelo medo, eu geralmente sugiro que ela fique uma semana sem ler o jornal ou sem assistir ao noticiário da TV. Para algumas viciadas em notícias, essa tarefa é ainda mais difícil do que ficar sem comer chocolate (parece difícil acreditar, mas é verdade!). Na semana seguinte elas ficam perplexas com a queda dramática no seu estado geral de apreensão. Muitas conseguem dormir bem melhor também.

Você mantém uma conversa consigo mesma estimulante ou depreciativa?

O seu réptil adora hábitos. Ele fica preso a movimentos repetitivos, ou a não-movimentos, ou a brotar pensamentos recorrentes. ("Sou uma fracassada inútil, sou uma fracassada inútil, sou uma fracassada inútil.") Mas você pode interromper esse padrão. Movimentos físicos podem distrair o lagarto e ajudar a desligar o botão do padrão automático reptiliano. Levante-se e movimente-se. Mude de lugar. Ou você pode ficar sentada e alongar-se ou mexer em alguma coisa, até mesmo seus tornozelos ou dedos dos pés ou seus músculos faciais.

Se você estiver num ambiente de trabalho, levante-se e caminhe rápido pelo corredor até o banheiro e reaplique o seu batom. Determine a intenção de ter uma nova perspectiva ao voltar para a sua mesa de trabalho. O movimento oxigena o cérebro. E isso é bom. Quando estiver no banheiro respire profundamente. Olhe bem fundo dentro de seus olhos no espelho. Tenha uma conversa encorajadora com você mesma por três minutos (você

eli davidson

de derrotada a poderosa

84

pode fazer isso silenciosamente, só para você, se houver mais gente por perto). Diga para aquele lagarto da sua cabeça que você é a chefe. Diga a você mesma o que você diria a uma amiga querida. Veja-se retornando com uma nova perspectiva.

A História de Jesse

Jesse acordou transpirando numa noite. Após meses de agonia, ele finalmente percebeu que não iria se casar com a namorada de longo tempo. Entristecia o seu coração ter de partir o coração dela. Com pesar ele transmitiu-lhe a má notícia. A partir de então, o lagarto começou a lhe enviar uma ordem, dizendo-lhe que ele era desprezível, que nunca mereceria uma boa mulher — ou qualquer outra coisa boa, por causa daquilo. Durante semanas Jesse ficou amuado e sofreu; seu superior, inclusive, avisou-o de que seu estado estava prejudicando o seu trabalho.

Jesse precisava abandonar sua tristeza e melhorar sua produtividade. O período da manhã era o mais difícil, então, para pôr fim aos seus pensamentos sobre o seu rompimento, ele ofereceu-se para pegar o café para seus colegas de trabalho durante o intervalo da manhã. Ele provocou um curto-circuito na tendência de fazer catástrofes que o seu cérebro reptiliano tinha e criou sua própria Técnica da Grande Virada — *Tá mal, dê amor.* Ele se sentiu ótimo ao fazer algo para os outros. E mais ainda, recebeu vários elogios positivos de seus felizes colegas devidamente cafeinados.

Você pode dar uma parada e fazer um intervalo quando sentir que o seu lagarto está levando a melhor. Só leva alguns minutos mudar o padrão estabelecido. Faça uma escolha positiva. Sustente-a com uma ação positiva. Vocelândia será um lugar mais feliz!

Dicas de Treinamento para Lagartos

Faça jejum de notícias. Fique uma semana sem ver, sem ouvir ou ler as notícias. Torne-se um Encantador de Lagartos. Lide com o seu réptil interior usando palavras gentis e um toque suave.

Para se livrar do bote do lagarto, LEVANTE-SE E MEXA-SE!

Jogo:
Reabilitando o Réptil

A seguir, uma estratégia de sucesso que pode ajudá-la a se livrar "num estalar de dedos" do pensamento negativo — e a ficar concentrada em resultados de sucesso. Ela faz maravilhas contra suas generalizações, dramatizações de catástrofes e lagartizações.

1. Centre-se. Inspire profundamente. Solte. Inspire serenidade. Expire o medo. Repita três vezes para se sentir mais calma.

2. Peça pelo bem de todos. Como Prefeita e adestradora-chefe de animais, peça por *insights* que promovam o bem de todos.

3. Estabeleça a sua intenção. Como Prefeita, estabeleça a sua intenção de desfazer o Filtro do Medo.

4. Vida ou morte? Quando você estiver tomada por algum medo por causa do seu lagarto mental, reserve um momento para confrontá-lo. Pergunte: "Estou a ponto de ser comida, atropelada ou morta?".

5. N.d.a. é só M.E.D.O. É possível que a resposta à pergunta seja: nenhuma das alternativas. Seu lagarto a enganou fazendo-a acreditar na Mera Expectativa sem Dados Objetivos. Agradeça a você mesma por reconhecer a "Conversa do Lagarto" que na verdade é só isso mesmo. Essa é a primeira lição na Escola de Obediência do Lagarto.

6. O filtro do M.E.D.O. Agora desmantele o seu filtro do medo. Você está generalizando? (Dica: palavras como "nunca" e "sempre" são bandeiras vermelhas indicando que você pode estar generalizando.) Você está dramatizando catástrofes? (Dica: perder-se em fantasias sobre o pior cenário possível ou sofrimentos e fracassos potenciais é sinal de que você está criando catástrofes.)

7. Adestre o lagarto. Como Prefeita e mestre em adestramento de répteis, você é quem pode mudar a direção dos seus pensamentos. Diga ao seu cérebro reptiliano: "Está tudo bem. Estamos seguros. Estou cuidando muito bem de você agora. Podemos superar isso".

8. Expresse-se. Isso mesmo. Diga palavras gentis — a VOCÊ. Acredito muito no poder da conversa consigo mesma. Conforte-se e avise o lagarto que o mamífero é quem está no comando neste momento. (Se as pessoas a olharem intrigadas, diga-lhes apenas que é uma tarefa dada pelo seu professor de lições de vida — ou finja que você está conversando com alguém ao telefone.)

9. Concentre-se no que é bom. Depois de confortar-se, foque sua atenção no resultado maravilhoso que você gostaria de obter.

10. Agradeça a você mesma. Agradeça-se por fazer a poderosa escolha de livrar-se do medo e ir em busca do que é maravilhoso.

capítulo 6
uma palavra de sete letras pouco utilizada

O Poder Oculto de _ _ _ _ _ _ _

Eu geralmente começo minhas sessões de *coaching* com três perguntas simples: O que está fazendo você perder o sono à noite? Como isso afeta o resto de sua vida? O que você realmente quer?

As duas primeiras perguntas fazem você se sentir um pouco constrangida? Geralmente um silêncio desconfortável toma conta da sala. Ótimo! Gastar alguns minutos para identificar o que está emperrando as suas engrenagens é um ato muito eficaz. Porque essa é a área da sua vida que requer atenção. Um pequeno progresso que haja nessa área pode determinar uma mudança enorme em sua vida.

Acredite ou não, há uma certa palavra de sete letrinhas que poderá ajudá-la. Na verdade, a área de sua vida onde você encontra a maior dificuldade para mudar, é provavelmente aquela em que você usa menos — e onde mais precisa usá-la.

Hummm... não, provavelmente não é a palavra que você está imaginando. Não fazem muita propaganda dela. As pessoas adoram queixar-se de que têm muito pouco tempo para isso na vida. (Viu, não é aquela, não.) Elas acham que é bobagem. Os executivos se vangloriam de passar sem isso como se fosse um distintivo de honra.

A Palavra é...

Ahhh, essa pobre palavrinha tão mal compreendida e tudo o que ela implica! Se eu a tivesse mencionado no título você provavelmente pularia este capítulo. Provavelmente você se acha adulta demais para pensar em _ _ _ _ _ _ _. É muita loucura esta pequena palavra de sete letras ter adquirido reputação tão ruim porque, na verdade, ela é uma ferramenta poderosa para a *criatividade* e a *mudança*.

Então, está pronta para adivinhar? A palavra é: B R I N C A R.

Está vendo. Eu sabia. Assim que você leu a palavra já começou a pensar que eu sou uma californiana excêntrica. Mas eu não sou. Cientistas como Paul MacLean afirmam que brincar é uma etapa fundamental do processo de aprendizagem. Isso significa que é brincando que aprendemos a experimentar os nossos limites. No momento em que li essa pesquisa, deu-me uma vontade de correr para a rua e tocar a campainha de todo mundo e dizer: "Ei, você sabia que brincar pode ajudá-la a resolver os seus problemas? Essa pequena descoberta científica pode tornar a sua vida mais fácil num piscar de olhos!".

Isso é Importante, Importante, Importante!

Esse é o lance: há apenas três funções-chave que separam o comportamento dos mamíferos do dos répteis. Três, e só. Um: a fêmea dos mamíferos alimenta seus filhotes por um longo período. Bom, isso você já sabia. Dois: os mamíferos gritam quando são separados do rebanho (alguns cientistas acham que foi assim que a fala começou). Nós, mamíferos, gostamos de viver agrupados e detestamos a solidão. Isso você também sabia.

O número Três é o que faz com que eu queira sair correndo e vá bater à sua porta, portanto, não perca isso — eu sei que você não vai perder porque está lendo este capítulo. A terceira coisa é brincar. Isso mesmo. Brincar.

Uma tartaruga bota um ovo e já sabe tudo o que precisa saber. Mas um gatinho precisa ensinar o seu cérebro por meio de brincadeiras. E quanto mais evoluído é o mamífero, mais elaboradas são as brincadeiras. Quando comparado com o cão mais inteligente do planeta, um ser humano tem centenas de maneiras a mais de brincar. Como o mamífero mais evoluído de todos (estou digitando esta frase discretamente para não ferir o ego do meu gato aqui ao lado), nós humanos, levamos a brincadeira à sua forma mais elevada — a aprendizagem.

Nos primeiros cinco anos de vida neste planeta você aprimorou as suas habilidades motoras e realizou uma grande parte de sua aprendizagem na vida. A única maneira pela qual você foi capaz de obter essa curva acentuada de aprendizagem foi se divertindo. Diversão é prazeroso. Foi brincando que você descobriu como a maioria das coisas funcionava. Você brincava com a comida, brincava com o rolo de papel higiênico; cair sentado era quase tão divertido quanto dar passinhos para a frente. A brincadeira é a forma mais natural de se aprender algo. É o seu sistema de construção capaz de explorar os limites de um problema e transformá-lo em algo novo. Diversão é um gerador de sucesso incrível!

B-R-I-N-C-A-R

"Brincar é a coisa mais fantástica que a natureza nos deu", afirmou MacLean. Além de nos ajudar a resolver problemas, ajuda as pessoas a se manterem próximas umas das outras. Como? Divertir-se proporciona conforto emocional e harmonia. No seu livro *O cérebro triúnico e sua evolução*, MacLean sugere que o brincar evoluiu da necessidade de criar vínculo e ensinar seus filhos. "A família que brinca unida, permanece unida", não é só uma frase de efeito dos anos 50. É fato documentado. Fazer brincadeiras juntos ajudou seus ancestrais a formarem famílias coesas. Como você poderia acrescentar — de uma maneira simples — o Fator Diversão a seu relacionamento íntimo hoje? Experimente e veja.

> **Você está no cheque especial na sua Conta de Diversão?**

John e Marian Bateman têm um dos relacionamentos mais divertidos que eu já testemunhei. Marian é uma famosa consultora de administração do tempo. John viaja mundo afora compartilhando o seu revolucionário "Trabalho-Presente". Pela pomposa descrição de seus cargos você jamais os imaginaria lá no alto da curva do gráfico das gargalhadas. Imagine de novo. Estar perto deles já faz você querer cair na gargalhada. É tão evidente que eles estão numa boa. E isso depois de vinte e um anos de casamento. Qual é o segredo da alegria deles? Brincar. Eles se relacionam como se fossem crianças. Eles brincam sobre praticamente qualquer aspecto do relacionamento.

Num fim de semana eu estava hospedada na casa deles e vi com meus próprios olhos. Marian estava com dificuldade para por tudo de volta na mala, então seu marido sugeriu que ela fizesse uma brincadeira. Assim nasceu o Jogo da Utilização do Espaço. Ela adorou a ideia de fazer um jogo para ver como poderia utilizar cada centímetro de sua mala, de uma maneira eficaz.

Arrumar a mala mudou de tarefa para diversão. Em outro momento eu os vi fazendo uma competição divertida para decidir quem lavaria os pratos e quem separaria as vitaminas para aquela semana. Eles estavam se divertindo tanto, que pedi para participar também.

Você tem alguma tarefa entediante que poderia transformar-se num jogo? Experimente! E me avise qual foi a sua ideia. Eu adoro compartilhar diversão.

Conhecendo um Mestre

Que sorte. Outro dia conheci um mestre na arte do entretenimento, um garotinho de dois anos, que era uma enciclopédia em matéria de ensinar como brincar. Nós brincamos na praia enquanto ele explorava cada aspecto da areia. Ele não tinha noções preconcebidas sobre o que era bom ou ruim. E se divertiu tanto jogando areia em seu próprio rosto quanto a atirando no mar. Meu guru se encheu de areia até as orelhas aguardando aplausos. Numa certa altura ele ficou tão entusiasmado, olhou pra mim com cara de: "Um, dois, já!" e mergulhou na areia e nadou. No melhor estilo cachorrinho. Que importância tinha se ele estava na areia? Foi engraçado! Ele estava coberto de areia — em seu cabelo, na cueca, pelo rosto todo, na boca, puxa, que divertido! Para ele, areia dentro das calças não era problema, era uma nova sensação.

Brincar pode fazer você ganhar o seu dia

Que lições a aula do mago das diversões me ensinou? Ele se deliciava com cada experiência com alegria transbordante. Ele corria riscos. E estava continuamente fazendo algo novo. Saboreava cada instante com curiosidade, cada sensação era um encanto. Tudo era novo e ele via as coisas com admiração.

Que parte da brincadeira poderia ajudar você a sair do seu caminho? Se você conseguir incorporar pelo menos uma dessas maneiras de lidar com o mundo, você pode transformar a sua vida.

Se você quiser realmente desenvolver suas habilidades de solução de problemas, por que não ir observar quem entende do assunto? Vá a um *playground* e observe as crianças brincando. E para ficar realmente por dentro, pergunte a alguma mãe se você pode entrar na brincadeira do filhinho de dois anos.

Resolução de Problemas Turbinada

Ah, você deve estar pensando: "Que impacto um pouco de diversão pode ter sobre os meus problemas de escala industrial? Brincar é para crianças e gente de férias. Meus problemas são sérios. Meu chefe é rabugento. Meus horários me deixam doida. Por que você desperdiça meu tempo com algo assim tão infantil?". Vou repetir: não subestime o poder da brincadeira como estratégia infalível de sucesso. Ela é um instrumento poderoso para lidar com as complexidades da vida adulta. Pesquisadores que investigam o cérebro, como Neil Greenberg, sugerem que a criatividade — habilidade que utilizamos para resolver nossos problemas — envolve conexões neurológicas complexas entre várias regiões do cérebro. Se por um lado já nascemos com uma série dessas conexões já estabelecida, por outro, elas vão se desenvolver posteriormente por meio de nossas experiências, principalmente as dos primeiros anos de vida. Esse é o período em que estamos mais ocupados em brincar.

Eu gosto de imaginar o estado de brincar como uma fase em que várias regiões do cérebro, como as peças do motor do seu carro, estão funcionando direitinho, de forma integrada. Se o ambiente se torna ameaçador, no entanto, o cérebro reptiliano pisa nos freios e faz você pensar na sua sobrevivência básica. À medida que você se torna amedrontado, ou preocupado, ou assume a posição de vítima, o acesso fácil entre várias regiões de seu cérebro sofre um curto-circuito e você começa a dirigir a sua vida usando a marcha lenta.

Eu imagino que para dar conta de todas as complicações do mundo atual, nós precisamos de todos os sistemas em pleno funcionamento, isto é, temos que operar no modo criativo. Puxa, eu preciso do meu cérebro com aceleração total só para usar o meu novo *smartphone*. Já que brincar é a maneira inata como nós exploramos o mundo, a brincadeira é que dá a partida no cérebro e o coloca para funcionar a toda novamente.

Os pesquisadores estão descobrindo que a brincadeira realmente torna o seu cérebro mais maleável e mais receptivo a novas informações. Brincar proporciona abertura, espontaneidade e imprevisibilidade, que são os ingredientes necessários para manter um cérebro saudável ao longo dos anos.

Portanto, a diversão estimula a criatividade, a solução de problemas, o vínculo com outras pessoas e ajuda a permanecer jovem. É uma estratégia inteligente. Mais uma vitória da nossa equipe!

Como o ato de brincar estimula o espírito inventivo, ele esteve presente em alguns dos grandes avanços na compreensão do mundo. Vamos pegar algo bem simples como... digamos, a gravidade. Meus irmãos adoravam subir no telhado do celeiro lá de casa e atirar coisas lá de cima. Talvez alguns caras italianos no final dos anos 1500 fossem assim. Galileu se reuniu com uns companheiros e disse: "Hei, vamos jogar algumas coisas aqui de cima da torre inclinada de Pisa. Isso! Algumas bolas de ferro de diferentes tamanhos. Não vai ser legal ver qual delas se espatifa primeiro?". E assim nasceu a lei da gravidade.

| **Quando as coisas ficam difíceis, o sensato se diverte** |

Imagine quais problemas você poderia resolver se bancasse a criança com mais frequência. Muitos. Por quê? Porque essa é a maneira natural de o seu cérebro aprender.

Mexa-se

Então, como você lida com um dilema? Você sonha em ganhar mais dinheiro, mas acha impossível; você deseja muito ser sustentada pelo homem que ama — mesmo que você ainda não o tenha encontrado — ou simplesmente deseja alguns minutos só para você?

Primeiro: comece rompendo o pensamento padronizado do cérebro reptiliano. Levante-se para "se levantar". Levante-se fisicamente. Eu sei que estou me repetindo... mas você já tentou?

Segundo: passe o bastão para o cérebro do mamífero: brinque! Requebre-se, chacoalhe tudo o que sua mãe lhe deu. Veja quanto azul você encontra no caminho. Agora, foque em tudo que for vermelho. Conte todos os círculos. Depois, os quadrados. Imagine que animal cada um de seus colegas de trabalho seria se estivesse no circo. Hummm. Isso foi diferente. Jogue do seu jeito. Invente o seu próprio jogo.

Terceiro: conecte-se. Convide outras pessoas para participar. Brincar é uma das formas que temos de criar laços e de nos desestressar. Pergunte a alguém: "Você brincaria com esse problema junto comigo?". E aí veja que ideias novas e oportunidades aparecem.

Por Trás da Brincadeira

As pessoas me perguntam: "O que, no seu trabalho, parece atrair mais oportunidades?", "Onde aquele imã invisível do sucesso está escondido?". De fato, como poderia uma mulher do Colorado começar um negócio de Relações Públicas e em cinco meses ganhar mais do que ela conseguiu em seu emprego corporativo? Por que um cliente teria mais ofertas de trabalho em duas semanas do que havia tido em quatro meses de procura? Por que a produtora do programa *The Dr. Phil Show*[5] telefonaria pedindo para dar esse livro para a plateia de um programa-piloto que ela estava fazendo, antes mesmo de o livro ter sido concluído? Eu acredito que as respostas têm a ver com o pedido de orientação ao Bem Maior e à utilização do poder negligenciado daquela palavra de sete letras.

Brincar pode ajudá-la a encontrar o seu caminho

Algumas pessoas acham que sou maluca quando lhes dou o seu primeiro jogo "Fator Diversão" para a semana. Uma pessoa me disse: "Eu vim procurar você porque quero ampliar meu negócio. Por que eu tenho de colocar minha música favorita e dançar quinze minutos diariamente?". Uma semana mais tarde ela percebia uma melhora tão grande em suas habilidades para solucionar problemas que fora fisgada pela ideia de proporcionar a si mesma momentos de diversão.

Brincar era certamente a palavra em vigor quando minha própria carreira deslanchou. Minha assistente, com algum trabalho de treinamento de minha parte, deixou de atender as chamadas telefônicas que eu recebia para ir cantar para a Barbra Streisend e

5 N. da T.: Famoso programa de *talk-show* da emissora de televisão americana NBC, apresentado por Phil McGraw..

o Brad Pitt na noite de estreia de seu programa. Ela havia derrotado pessoas da Broadway para conseguir esse lugar num importante programa de TV. A história dela era tão inspiradora que uma emissora queria fazer uma matéria na qual eu contaria como havia ajudado a transformar sua vida de secretária em estrela. Mas ficou para uma próxima oportunidade, pois infelizmente o contrato que ela assinou não permitiu que ela fizesse qualquer publicidade. E os advogados recusavam-se a arredar pé. Eu estava esperando por um telefonema, mas como parecia inútil, eu resolvi que era hora de dar uma chance para a diversão e B R I N C A R.

Estava derrotada e precisava me sentir poderosa. Primeira coisa: Eu me levantei. Comecei a andar... *tá* bom, a dar uns passinhos pela casa. Afinal, *uma garota tem que fazer o que tem que fazer*[6]. A seguir, eu achei que era a hora de jogar o jogo "Mude a Roupa, Mude o Ponto de Vista". Vesti minha Estola de Boas Ideias. Fui para o armário de Sapatos para Garotas Altas. Eles sempre fazem com que eu me sinta mais confiante. Peguei uma das minhas tiaras da confiança e "vambora".

Então foi assim: chamei uma Relações Públicas profissional e perguntei se ela poderia acrescentar mais algumas ideias. Certo, eu estava suando em bicas. Mas caminhar com aqueles sapatos atraentes, vestindo uma estola e uma tiara fez com que eu me sentisse mais leve e criativa. Eu chamei outras pessoas que sabiam daquele lance misterioso da TV e convidei-os para arrumarem uns minutos para brincar também. Ninguém se recusou. (Todo mundo consegue arrumar cinco minutos para B R I N C A R. As pessoas estão famintas por um pouco de diversão, e se você está se divertindo, todo mundo quer participar.) Cada uma das pessoas que chamei deu milhões de ideias criativas.

É, eu não consegui fazer aquele programa de TV. Mas, por causa de todos os contatos que fiz naquele dia, no mês seguinte eu apareci não apenas em um, mas em dois programas. E tudo isso me

---

6 N. da T: Referência bem-humorada da autora à música *country* americana *A Girl's Gotta Do (What a Girl's Gotta Do)*, sucesso no início dos anos 2000, interpretado pela cantora Mindy McCready.

levou a realizar um projeto incrível com uma produtora ganhadora de um Emmy[7] e posteriormente à oportunidade de fazer *coaching* em rede nacional.

Eu acredito firmemente que brincar é mágico.

A História de Cecília

Em nossa primeira sessão, Cecília me avisou que o que ela mais desejava era um sorriso interior. Ela sorria de forma tão radiante para todos, mas o que desejava era sorrir quando ninguém estivesse por perto. Como muitas de nós, sua vibração estava sufocada por uma ética puritana que recrimina qualquer coisa que não seja produtiva. Essa minha conterrânea lá do sul, hoje aposentada após uma carreira de sucesso como advogada, tinha no topo de sua lista de afazeres diários, compromissos sociais, almoços para organizar, notas de agradecimento para escrever e eventos para coordenar ligados ao seu trabalho de advocacia em favor dos pobres. Suas unhas eram perfeitas, seu cabelo era perfeito e por baixo de todo aquele porte gracioso ela se sentia perfeitamente miserável e derrotada.

Divertir-se ocupava o último lugar na mente de Cecília. Aqueles músculos haviam se atrofiado há muito tempo. No entanto, fazer peraltices era o único caminho que poderia tirar Cecília daquele estado e dar espaço para a alegria. Quando ela assumiu o posto de Prefeita de Cecilândia, para minha grande surpresa, sua cidade parecia o mercado de especiarias de Istambul. As cores fluorescentes e os aromas pungentes estavam muito distantes daqueles tons sem graça e daqueles matizes elegantemente desbotados da vida que ela vivia antes. Ofereci a ela um banquete de atividades divertidas para que experimentasse. Ela resolveu usar muitas pulseiras e caminhar no parque perto de sua casa — que ela nunca havia visitado — calçando seu tênis favorito cor-de-rosa. O

7 N. da T: Como é conhecido o Emmy Award, famoso prêmio anual de produção televisiva americana..

tilintar das pulseiras fizeram-na se lembrar da natureza exótica de Cecilândia. Isso a levou ao próximo passo.

Mude o seu visual, mude a sua perspectiva

Embora fosse uma freguesa assídua da Neiman Marcus[8], ela tentou algo novo. Foi a uma loja do tipo R$ 1,99 para gastar algo equivalente a R$ 50,00 em bugigangas. Só para ela. Quem sabia? Tabuletas brilhantes e baratas, uma varinha mágica e, é claro, uma presilha que a deixou fissurada (não é verdade que toda garota precisa de uma?). À medida que ela começou a encontrar pequenas maneiras de trazer diversão ao seu dia, começou a vestir cores mais fortes e a rir mais.

Para seu próprio espanto, ter a intenção de ser extravagante deu-lhe confiança em situações de desafio — como nas reuniões em Washington DC em nome dos necessitados durante um período de cortes governamentais. Cecília fazia questão de colocar na mala alguns de seus brinquedos, como a varinha mágica e as fitas para usar no cabelo, no hotel. "Brincar me mantinha no 'aqui e agora'. Ser mais alegre me ajudou a estabelecer uma ponte de comunicação com os funcionários dos órgãos do governo. Tornei-me mais criativa. Era mais fácil encontrar soluções. Eu fiquei atônita ao perceber como me tornei muito mais eficiente depois que passei a exercitar a minha capacidade de brincar."

Cecília até mesmo experimentou uma das minhas mais queridas Técnicas da Grande Virada — a Terapia do Vestido de Noiva. Sua tarefa consistiu em adquirir um vestido de noiva numa loja de consignação e usá-lo em casa caso começasse a se sentir deprimida. (Eu tenho uma coleção de vestidos de noiva de segunda mão no meu armário só para essa finalidade.) Caminhar pela casa num vestido marfim e de sapatos turquesa trouxe sua Istambul Interior de volta à vida. Era esquisito, sim — mas ela se sentiu vibrante.

---

8 N. da T.: Loja de departamentos especializada em artigos de luxo, gerenciada por Neiman Marcus Group, cuja sede é Dallas, Texas, nos Estados Unidos.

de derrotada a poderosa

eli davidson

Quando mudou seu visual, garota, sua perspectiva mudou. A técnica era tão poderosa que ela resolveu colocá-la à prova. Durante as últimas décadas, sua família costumava se reunir um domingo por mês para um jantar formal. Cecília cozinhava feito uma louca enquanto todos se sentavam na sala de visitas e bebiam. Num domingo, em particular, ela convidou todos a irem até a sua cômoda de roupas de festa e escolherem uma peça. Sua respeitável mãe de oitenta e cinco anos escolheu uma estola e um chapéu com uma profusão de plumas. Em vez daquela conversa educada a respeito do tempo e do que estava acontecendo na cidade, todos acabaram indo para a cozinha e ficaram tagarelando e dando risadinhas enquanto preparavam a refeição em equipe. Foi um sucesso tão grande que a cômoda de Cecília já se transformou num armário inteiro e a sua família hoje em dia vem regularmente para essa brincadeira.

Jogo:
Brincar é a Solução

Algum problema a aflige? Transforme-o numa brincadeira. Brincar abre novas perspectivas. Estimula a sua criatividade. *Putz!*, brincar é divertido e ainda manda embora aquela "caatinga" do estresse. Por ser prazeroso, o brincar leva você a explorar o mundo. E faz você estar presente e alerta porque você não consegue brincar se estiver distraída. Não é hora de você usar esse poder secreto para aumentar seu sucesso? Mesmo que brincar pareça estranho, não é. Seu músculo de brincar não vê a hora de você flexioná-lo. Puxa, imagine o que vem a seguir!

1. Centre-se. Inspire profundamente. Solte. Agora, inspire alegria. Expire preocupação. Repita três vezes para se sentir mais leve.

2. Peça para o bem de todos. Como Prefeita, aguarde um momento e assuma seu posto, e peça para expressar alegria para o bem de todos.

3. Estabeleça a sua intenção. Estabeleça a sua intenção de fazer palhaçadas e se divertir.

4. "Brinque-se". Convide a si própria a se soltar, a ser excêntrica e descobrir a magia de brincar. Não se preocupe, você pode voltar a ser séria dentro de alguns minutos.

5. Levante-se. Isso mesmo, fique em pé. Saia do seu computador, cadeira, poltrona. Muito bem!

6. Mexa-se. Você já notou como as crianças pulam, rolam, puxam, empurram? Brincar é ativo. Reserve um minuto para "chacoalhar o corpinho que sua mãe lhe deu". Sim, garota. Mexa esses quadris. Ponha o seu traseiro em movimento. É difícil ficar preso quando você está se mexendo. Além do mais, conectar-se com o seu corpo e requebrá-lo é... divertido!

7. Brinque. Depois que você se soltou mexendo seu corpo, confira com você mesma: Qual é o problema que precisa de um pouco de brincadeira? Visualize seu *Mondo Problemo*. A seguir, convide-se para brincar com ele. Pegue-o como se fosse uma rocha de duas toneladas. Jogue-a para o alto e faça-a ficar cada vez mais leve a cada jogada. À medida que ela se tornar menos pesada, veja se surgem algumas soluções.

8. Brinque mais. Do que você gostava de brincar quando era criança? Pular corda, balançar... Qual é a primeira coisa que lhe vem à mente? Arrume algum tempo esta semana para reviver a alegria de sua brincadeira preferida

9. Convide. Já notou como as crianças gostam de rolar, pular, puxar, empurrar umas às outras? Brinque com uma amiga. Pintem vasos, brinquem em balanços ou aproveitem uma loja de brinquedos para crianças.

10. Puxa. Obrigada, hein! Agradeça-se por escolher ter a liberdade de exprimir sua alegria.

A diversão estimula a criatividade, a solução de problemas, o vínculo com outras pessoas e ajuda a permanecer jovem. É uma estratégia inteligente.

103

capítulo 7

que filme você está estrelando?

Visualizando o Sucesso

Você diz que quer um relacionamento melhor com sua colega de trabalho, mas a lembrança dela a tratando mal fica martelando na sua cabeça? Você tenta visualizar um emprego melhor, mas fica relembrando cenas tristes de seus fracassos anteriores? Assim como todas nós, você pode não se dar conta de que esse seu hábito mental de ficar reprisando cenas, é, na verdade, uma ferramenta incrível que pode ajudá-la a criar mais poder e sucesso desde que você saiba usá-la. Como Prefeita, você tem o poder de influenciar um dos seus recursos mais poderosos — a indústria cinematográfica de Vocelândia. Isso mesmo, você pode decidir que filme colocar em cartaz em seu cinema mental. É uma maneira rápida de se livrar da tristeza e se concentrar em algo positivo. Quanto mais você se imaginar uma vencedora em suas fantasias, mais feliz será a sua vida. Sim, minha querida, escolher o filme mental que está em exibição é uma das formas mais poderosas para você sair de derrotada e conquistar definitivamente o poder.

Festival de Cinema

Pense nisso como um festival de filmes acontecendo 24 horas por dia, sete dias por semana em Vocelândia. Holofotes iluminam o céu noturno. Paparazzis se amontoam na entrada do cinema. Todas as madames de Vocelândia estão ávidas por pisar no tapete vermelho. Esse é o lugar certo para estar no momento. É aqui que o seu futuro se inicia.

O festival tem o impacto que toda atriz de cinema e empresário cinematográfico sonham. Cada filme que você estrela não apenas muda ou provoca uma mudança no mundo, na verdade, cria a realidade que *você* vive.

Por que ele é tão poderoso? Os cientistas descobriram que o cérebro não consegue fazer a distinção entre a realidade e uma fantasia bem elaborada. Imagens tanto impulsionam quanto repelem você. O que quer que você coloque no projetor da sua sala de projeções interna se torna uma afirmação poderosa sobre como você quer que a sua vida seja. Se você se imagina tendo mais saúde, riqueza e felicidade, você estará ajudando essas imagens a se tornarem realidade.

Atletas vencedores vêm utilizando essa técnica há décadas. Eles despendem várias horas por dia sentados numa cadeira, imaginando que estão tendo um excelente desempenho na prova. Na medida em que as provas se aproximam, esquiadores olímpicos gastam mais tempo com exercícios de visualizações nos quais realizam corridas perfeitas, do que efetivamente treinando. O segredo para se tornar um atleta vencedor não é uma questão de músculos, é uma questão de manter o foco positivo.

| Imaginação estimula ou afasta |

Então, o Que Está em Cartaz?

Portanto, minha amiga, qual é o filme que está passando aí na sua cabeça? Se eu comprasse ingresso para assistir ao que está em cartaz... seria para ver uma reprise de um filme de terror sobre o seu último namoro? Um filme de propaganda sobre tudo o que você deveria estar fazendo e não está? Uma comédia romântica em que você usa roupas lindas, tem um papel ótimo e fica com o mocinho no final? Todos os dias você estrela um filme em sua mente. Por que não torná-lo maravilhoso?

Geralmente quando eu peço às minhas clientes para imaginarem os seus sonhos se concretizando, elas começam a me falar de todas as razões pelas quais eles não se tornarão realidade. Em vez de descrever um quadro de sucesso, elas me contam como estão paralisadas. Isso me mostra como é o filme mental delas. Lembre-se, aquilo em que você põe a sua atenção, cresce. Se você não tem uma noção de por que está imobilizada ou simplesmente não consegue ir para a frente tão rápido quanto gostaria, talvez esteja na hora de examinar a relação de filmes de Vocelândia.

Pense em algo que você sonha ter. Pegue a primeira coisa que lhe vem à mente: é um relacionamento maravilhoso, um emprego melhor, um corpo mais saudável, uma casa nova, mais tempo para desfrutar os amigos e a família?

Escolha uma cena de seu filme e analise-a. Como ela é? É uma imagem vibrante e colorida em que você está saboreando os seus sonhos? Você fica espantada quando a vê? Ela é o retrato de um sonho que tinha cores vibrantes há muito tempo, mas anos de decepções desbotaram as suas cores? É uma impressão opaca em papel sépia, esfarrapada nas bordas porque você se esqueceu dela, e difícil de olhar porque há muito tempo você decidiu que era impossível alcançá-lo?

Em Cores ou Branco e Preto

Eu sei bem o que é ver as cores dos sonhos se esmaecerem. Arrastando um emprego que eu odiava — vendendo roupas sob medida para homens presunçosos — após ter perdido a minha empresa, eu me sentia como se estivesse vivendo ao lado do inferno. Eu havia perdido quase tudo. Eu era uma um fracasso. Cada centelha de esperança que eu tinha tido por mim parecia ter-se desvanecido. Meu coração se despedaça quando eu reconheço aquele olhar de desespero nos olhos de quem quer que seja. Eu sei bem como é a gente desistir de si mesma. Essa é uma das razões pela qual escrevi este livro. Eu havia desejado tanto que alguém me desse esperança naqueles dias em que eu acreditava que os bons tempos haviam acabado para sempre.

A desilusão levou embora o colorido dos seus sonhos?

Se você for de Kansas como eu, deve ter ouvido muito a respeito da Dorothy[9]. Assim como no Mágico de Oz, você *pode* abandonar o mundo branco e preto da desilusão e permitir que as cores deslumbrantes dos seus sonhos retornem à sua vida. Leva pouco mais do que um estalar de dedos. Mas você pode fazê-lo.

Deixe os Seus Sonhos Falarem

"Se você construir, ele virá", sintetiza o poder da visualização positiva. *Campo dos Sonhos*[10] é um dos meus filmes prediletos. O fazendeiro de Iwoa, Ray Kinsella (Kevin Costner) é inspirado por uma voz e uma visão da qual não consegue se desvencilhar. Ele persegue um sonho que certamente se assemelha a uma odisseia insana: construir um campo de beisebol em sua plantação de milho para um jogo imaginário entre craques que haviam morrido há muito tempo. Aos olhos dos seus vizinhos ele parece um louco, mas ele segue a sua visão interior assim mesmo — e obtém muito mais do que havia sonhado.

Por que não ser a vencedora em suas fantasias?

9 N. da T.: Personagem principal do filme *O Mágico de Oz*, baseado no livro infantil homônimo de L. Frank Baum. Após um tornado em Kansas, Dorothy vai parar com sua casa e seu cachorro na fantástica cidade de Oz, onde as coisas são coloridas, bonitas e mágicas. Mas o seu maior desejo é retornar para o seu lar e para isso ela deve encontrar um mágico, que vai lhe mostrar como realizar esse seu desejo. Para chegar até ele, contudo, Dorothy viverá uma aventura inesquecível ao longo do famoso caminho de tijolos amarelos.

N. da Edição brasileira: Mesmo não sendo o primeiro filme em cores, o grande destaque de *O Mágico de Oz* foi utilizar-se da técnica Technicolor (coloração de filmes) e surpreender o público com as sequências de cenas no Kansas em preto e branco com tons em marrom, enquanto as cenas em Oz receberam as cores vivas do Technicolor. Tal como a autora sugere: você pode deixar para trás a vida sem graça do preto e branco e descobrir a magia do colorido, trilhando um novo caminho.

10 N. da T.: Do original *Field of Dreams*, filme baseado no livro de W. P. Kinsella, com roteiro de Phil Alden Robinson.

de derrotada a poderosa

eli davidson

Eu tenho visto situações como a do *Campo dos Sonhos* acontecerem repetidamente com meus clientes e comigo mesma, "Saia do caminho e deixe os seus sonhos a conduzirem" é tão importante que eu imprimi em meu cartão de visitas. Depois de criar o seu sucesso de bilheteria interno e dar alguns passos para a sua execução, os resultados são surpreendentes.

Eu testemunhei pessoas triplicarem sua renda, parar de fumar, livrar-se do excesso de peso, encontrar a carreira dos sonhos e começar a namorar novamente após anos de idas ao cinema sozinha, utilizando essa Técnica da Grande Virada. Você também consegue. Eu sou testemunha... essa coisa funciona!

Hoje no... *The Today Show*

Faz um tempo, eu tive uma experiência tão louca com o "luzes–câmera–ação" que quero compartilhar. Estava em Nova York e o dia estava magnífico, então resolvi caminhar do meu hotel até a agência de publicidade onde eu tinha uma reunião de *coaching*. No caminho, passei pelo Rockfeller Center, onde eles filmam o programa *The Today Show*. Nossa, o *Today Show*! Participar desse programa de TV sempre foi o meu sonho. Então eu dei uma paradinha na Rockefeller Plaza e me imaginei no programa. Visualizei que estava me sentindo muito à vontade e animada. Eu vi a lente das câmeras, que me divertia. Ouvia o produtor me dizendo que tinha sido uma ótima entrevista. Gastei menos de 2 minutos para produzir esse minifilme. E fui embora para minha reunião na agência de publicidade.

Assim que eu comecei a retornar para o hotel, meu GPS disse: "Não volte para casa pelo caminho em que veio. Volte pela 5ª Avenida". (Como já fazia tempo que eu andava ouvindo o que o meu GPS dizia, recebia instruções bem claras.)

Virei na 5ª Avenida — e como você já sabe, havia uma equipe do programa lá. "Nós somos do programa *The Today*

Show, podemos entrevistá-la a respeito de mulheres e sapatos?". Sapatos? Vocês estão brincando? Todo mundo sabe que eu tenho orgasmos múltiplos só de experimentar um par de saltos altos bem sexy. Eu já falei sobre como sapatos bacanas deixam uma garota feliz. Como eu seria uma pessoa deprimida se não pudesse curtir meus sapatos. Como eu seria capaz de passar a pão e água só para poder comprar um par de sapatos sensacionais. Apenas duas horas após eu ter feito o meu minifilme mental, e pronto, lá estava ele acontecendo na vida real. Alguns dias depois, ao ligar a TV e me ver no *The Today Show*, o país inteiro já sabia que eu era capaz de suportar uma dieta a pão e água só para aumentar minha coleção de sapatos no armário. Aconteceu exatamente como eu havia imaginado. Dei uma risada. A produtora disse: "Puxa, você tem uma energia incrível. Você deu uma entrevista sensacional".

A visualização vibrante de uma cena bem feita forneceu um caminho nítido para Eulândia. Meu sistema GPS captou o sinal e estava à espreita de uma possível oportunidade. Dar ouvidos ao meu GPS me levou ao lugar certo, na hora certa. E como eu já havia imaginado me divertindo durante a gravação do programa, foi muito fácil ter ótimos momentos com a câmera e a equipe de TV.

Vamos Fazer um Filme!

Agora é a sua vez. Vamos fazer um filme! Comece se imaginando daqui a um ano. (Por alguma razão, situar o seu filme de sucesso no futuro, amplia a sua capacidade de visualização.)

| Se você consegue imaginar, você consegue ser |

Agora, imagine que sua Fada Madrinha balançou a varinha mágica e você se vê vivendo o seu mais desejado sonho. Selecione uma cena que represente o ponto culminante dessa sua visão. Relaxe e desfrute o sabor delicioso do sucesso que se desenrola em sua tela mental. Digamos que seu objetivo é bailar pela vida com ótima saúde num corpo esbelto e rijo.

Dê um "close" nessa sua Cena de Sucesso. Isso fará com que ela crie vida. Observe todas as suas sensações. O que você está vendo e ouvindo? Quais são os aromas, sabores e sensações táteis? Que roupa você está vestindo (sempre um ponto-chave) e qual a sensação que ela causa em sua pele? Você sente seus músculos mais tonificados à medida que faz mais caminhadas? Todos aqueles vegetais que você está comendo têm um sabor mais doce em sua língua? Você sente o calor do sol na sua pele, deitada de biquíni ao lado da piscina? Você consegue ouvir o barulho do zíper de sua calça jeans fechando com facilidade? Onde você está? Quem está com você? Lembre-se, o cérebro não consegue distinguir entre um fato real e uma fantasia bem elaborada.

Luzes, Câmera. Agora é sua vez de entrar em... Ação!

O Sindicato das Emoções pode ajudá-la a vender muitos ingressos, portanto, não se esqueça de fazer um filme que ele adore. A Diretoria Mental é ótima para ajudar na construção da Cena de Sucesso. Outra ideia inteligente é convidar seu GPS para dar sugestões. Sua visão ampla e conectada com o que é melhor para todos os envolvidos pode lhe dar coragem para tentar algo que, de outra forma, você descartaria por considerar impossível. Algo extraordinariamente mágico pode acontecer quando toda a Vocelândia está envolvida num projeto.

Assim que você tiver visualizado a sua Cena de Sucesso, registre-a no Roteiro de Sucesso. Escreva mesmo. Inúmeros estudos mostraram que escrever um objetivo, aumenta a probabilidade de que ele seja alcançado.

Agora você tem duas versões do seu Filme de Sucesso com as quais trabalhar: a cena visualizada e o roteiro escrito. Cada Vocelândia funciona de uma forma diferente. Se você gosta de imagens e cor, você pode observar a Cena de Sucesso. Se é mais fácil para você se engajar com seu sucesso lendo sobre ele, então leia seu Roteiro de Sucesso em voz alta. Se você é uma pessoa que absorve melhor as informações pela audição, você pode gravá-lo e depois escutá-lo.

Quanto mais você visualizar, ler ou ouvir o seu Filme de Sucesso, mais real e vívido ele se torna para o seu cérebro. Ele se acostuma com a ideia de você, digamos assim, com o seu peso ideal, ou em seu trabalho ideal, ou com o seu homem ideal.

Por último, comece a dar os passos necessários para que a sua Cena de Sucesso aconteça. Pergunte-se: "O que posso fazer hoje para tornar o meu filme realidade?". Dar um telefonema, pesquisar algum recurso no Google, ou arquitetar algum plano não vai consumir mais do que quinze minutos do seu dia e, no entanto, vai colocá-la um passo mais próxima de obter o sucesso desejado. (Foi assim que esse livro tornou-se realidade). Ter clareza de objetivos ajuda a ver os pequenos passos que a levarão lá. Assim que você começar a dar esses passos, ficará surpresa e encantada de ver com que rapidez você caminha.

Segredos Para um Filme de Sucesso Arrasador

Aqui vão alguns segredos para tornar o seu filme um verdadeiro campeão de bilheteria em Vocelândia:

Torne-o pelo menos 50% acreditável:
Digamos que você está sonhando em comprar uma casa. Se o seu Festival "Crie a Sua Realidade" apresentar o seguinte filme: "Olha, Mãe, Eu Comprei uma Mansão de Milhões de Dólares", pode ser que a sua Diretoria Mental faça chacota. Ela tem dados racionais para provar que o seu filme é pura ficção. Mas se você exibir o filme: "A Casa Maravilhosa — A Verdadeira História de Como Eu Comprei uma Casa que eu Adoro, Adoro, Adoro", os membros da sua Diretoria Mental vão fazer fila para

comprar ingressos. E como eles vão assistir ao filme muitas vezes, começarão a dar ideias brilhantes de como torná-lo realidade.

Apetitoso, Apetitoso, Apetitoso:
Torne-o colorido, alegre e maravilhoso. Encha o roteiro com um montão de advérbios e adjetivos. Como diretora de seu Filme de Sucesso, você deve tornar a sua visão tão apetitosa e dramática quanto possível. Qual dos seguintes filmes atrairia uma plateia maior: "Eu vou comprar uma casa" ou "Estou sentada na minha copa saboreando meu chá inglês quente e desfrutando da paz de uma manhã de sábado. Sinto-me abraçada pela minha casa e essa beleza me inspira. Fico tão contente e relaxada ao ouvir os pássaros cantando! Que delícia poder desfrutar a manhã! Através das enormes janelas vejo um beija-flor zumbindo pelas peônias que crescem ao longo do caminho. Sinto-me muito grata"?

Faça o filme no presente:
Use verbos no presente no seu roteiro. Veja-se na cena sendo, tendo e fazendo o que você deseja. (Um filme, mesmo quando situado no futuro, está sempre acontecendo agora, no momento em que está sendo exibido.) Se você diz a si mesma que comprará *uma casa, você reforça a ideia de que possuir uma casa está sempre à sua frente no futuro. E aí você nunca se vê realmente gostando de possuir uma casa.*

Detalhes, Detalhes, Detalhes:
Você torna o seu filme real ao colorir todas as suas particularidades. São os detalhes que dão vida ao seu roteiro, sejam eles as suas sandálias turquesa, ou você correndo na praia de boné de beisebol e biquíni ou olhando um buquê de flores na sua floricultura preferida. Que aspectos sutis e peculiares podem fazer o seu Roteiro de Sucesso ficar cheio de vida?
O meu é mais ou menos assim: Eu me sinto invadida por uma

113

chama de gratidão pelo meu corpo magro, forte, vibrantemente saudável e lindo. Em seguida, estou comemorando o fato de me sentir muito melhor e com mais energia do que quando eu tinha vinte e poucos anos. Uau! Estou transbordando de carinho e gratidão por todas as coisas boas em minha vida. Que divertido! Estou adorando olhar no espelho e perceber que meus jeans estão folgados. "Caramba, Eli, você parece não envelhecer. Você está cada vez melhor" — é a frase que adoro ouvir. Hum, já que estou me respeitando, escolher alimentos saudáveis é algo natural. Estou gostando de ver como me sinto bem experimentando todas as formas criativas e divertidas de me exercitar. É uma delícia sentir o aroma das flores e sorver a beleza da natureza durante minhas caminhadas. Uau! Sinto minha força e flexibilidade enquanto me movimento no meu dia. Estou encantada por respeitar a Aliança das Partes do Corpo. Cada célula do meu corpo está cheia de gratidão ao Bem Maior.

A História de Loren

O espírito de Loren era uma chama de cores vibrantes escondidas embaixo das blusas de abotoar que ela usava em seu trabalho, na área de marketing. Cada célula de seu corpo ansiava por exprimir seu brilho incomum. Ela continuava a pensar entre outras coisas, em abrir a sua própria empresa de bolsas. Mas ela sabia que esse seu negócio não geraria dinheiro suficiente por um a dois anos, que lhe possibilitasse demitir-se de seu emprego atual.

Eu lhe apresentei o conceito de construir uma Cena de Sucesso e lhe avisei que ela poderia imaginar-se possuindo sua bem-sucedida companhia, mesmo que ela ainda não tivesse decidido em que ramo queria entrar.

"Por que esperar dois anos?", perguntei. Visualizar o sucesso poderia ajudá-la a desenvolver um plano para chegar lá. Aquela ideia foi como uma loteria em Lorenlândia. O coração de Loren não estava realmente sintonizado com o negócio de bolsas. Ela já conhecia um monte de gente que trabalhava na mídia, então, por que não abrir uma empresa de Relações Públicas? Seria pouco o capital desembolsado e ela adorava papear com o pessoal da área.

Tudo em Loren se iluminou. Aquelas cores fortes começaram a reluzir. Ela criou uma Cena de Sucesso que a fez explodir de alegria. Suas emoções brotaram com entusiasmo quando ela se descreveu usando suas botas prediletas cor de malva em seu escritório de tijolos aparentes. Ela foi às nuvens de tanta alegria quando visualizou a si mesma ganhando muita grana, divertindo-se e alcançando um sucesso estrondoso, com a velocidade de um raio.

Uma semana após a criação de "O Filme do Meu Sucesso Estrondoso", Loren conseguiu seu primeiro cliente. Quatro meses depois, tinha sete clientes. No quinto mês (eu estava roendo as unhas por achar tudo rápido demais) ela foi conversar com seus patrões.

Ela havia produzido um novo Roteiro de Sucesso em que seu atual patrão adoraria se tornar cliente da empresa de Relações Públicas. Loren contou a seus chefes que havia montado sua empresa de Relações Públicas e sugeriu que eles a contratassem. Eles concordaram. Após cinco meses do início de seu negócio, Loren estava ganhando mais dinheiro do que havia ganhado com seu emprego corporativo. Ela havia posto um fim em seu esquema sufocante de trabalho das 9 às 18h, seu antigo empregador havia se tornado seu cliente e ela tinha começado a viver a vida de seus sonhos. Em cinco meses, gente!

O Jogo do Roteiro de Sucesso

Você é escritora, diretora, produtora e atriz do Festival de Filmes de Sucesso de Bilheteria em exibição. Quanto mais você o vir, melhor. Quanto mais apetitoso, melhor.

1. Centre-se. Atores fazem exercícios de concentração e afinam "seus instrumentos" antes de atuarem. Você também pode fazer isso. Enquanto se concentra na sua respiração, alongue seu corpo. Inspire clareza. Expire confusão e dúvida.

2. Peça para o bem de todos. Como Prefeita, aguarde um momento e peça por inspiração que esteja alinhada com o que é melhor para todos.

3. Estabeleça a sua intenção. Estabeleça a intenção de permitir que o seu sucesso autêntico seja expresso.

4. É um sucesso. Realize uma Reunião Municipal em Vocelândia. Peça às suas comunidades para ajudá-la a criar uma cena de sucesso fantástica. Se você curte ter uma Fada Madrinha, traga-a também! Escolha um objetivo que entusiasme a todos e certifique-se de que ele é pelo menos 50% acreditável.

5. Visualize-se. Conte um ano a partir de hoje. Veja-se brincando, divertindo-se em sua Cena de Sucesso. Como fazem os atletas olímpicos, crie você também uma cena específica na qual você se vê apreciando a sua realização. Certifique-se de se ver comemorando.

6. Sinta-se. Use seus outros sentidos para colocar detalhes. Adicionar outros sentidos pode ter efeito ainda mais poderoso do que colocar a visão como prioritária. O que você está escutando, tocando, saboreando, cheirando? Que emoções está sentindo? Explore o ambiente com suas orelhas. Perceba os aromas. Verifique sua temperatura emocional. Cada órgão do sentido que você acrescenta, torna a cena mais realista. Ótimo!

7. Rascunhe o seu roteiro. Escreva a sua Cena de Sucesso e transforme-a no seu Roteiro de Sucesso. Descreva a ação como se ela estivesse acontecendo agora. Seja realista e específica. Use

de derrotada a poderosa

eli davidson

verbos no presente, no gerúndio. Acrescente adjetivos atraentes e advérbios para realçar e dar mais força e realismo.

8. Envolva-se. Reveja a sua Cena de Sucesso. Assista ao filme do seu sucesso frequentemente. Cole cartazes por toda a Vocelândia. Faça uma gravação em que você lê o seu Roteiro de Sucesso e ouça-o antes de ir dormir. Leia o seu Roteiro de Sucesso toda manhã enquanto toma o café. Quanto mais você revê a sua Cena de Sucesso, mais natural se torna a sua crença em seu sucesso.

9. Hora da Produção. Ponha o seu Roteiro de Sucesso em ação. Dê pequenos passos em direção ao seu sucesso.

10. Agradeça a você mesma. Agradeça-se por escolher dirigir a energia de sua vida.

capítulo 8
superando a perfeccionite aguda

Relaxe

Você aprende uma estratégia de Cena de Sucesso para depois ficar postergando na hora de agir? Você olha para o seu sonho e sente que não está à altura dele? A sua censura interna sempre acha algo para destruir com os seus projetos? Não se preocupe, você não está sozinha. Provavelmente, você pegou um desses vírus recentes que andam por aí e está sofrendo de uma doença que debilita as pessoas conhecida por Perfeccionite Aguda.

Mas como "a-gente-querer-ser-o-melhor-que-se-é-capaz" pode ser uma doença? Desculpe, é uma armadilha. É por isso que esse transtorno é tão problemático. Você só quer fazer um trabalho perfeito, ser uma pessoa perfeita. Certo, o assunto está bem colocado. O problema é que... não existe essa tal de perfeição. Excelência, sim. Perfeição, não. Perfeição é uma fantasia e infelizmente a maioria das pessoas comprou essa ilusão.

Eu posso até estar sozinha nesse meu ponto de vista, mas o que acredito é que o perfeccionismo é uma praga do mundo moderno — que pertence mais à categoria de doença do que um simples desconforto. E aquele pessoal dos dicionários está pronto para apoiar a minha tese. Aqui vão algumas definições úteis:

Doença: perturbação da saúde do animal vivo ou planta ou de uma de suas partes que prejudica seu funcionamento normal e se manifesta em sintomas que podem ou não ser perceptíveis.

Perfeito: livre de defeito, que só possui qualidades, sem falhas, corresponde a um padrão ideal ou conceito abstrato; a excelência de cada parte, elemento ou qualidade de uma coisa frequentemente como um estado teórico ou inatingível < ex.: um conjunto perfeito de dentes.

Perfeição: sem falhas, impecável; execução perfeita; pureza, exatidão, correção, qualidade ou estado de impecabilidade.

-ite: sufixo empregado nos termos patológicos que denotam inflamação de um órgão (por exemplo, apendicite, bronquite, gastrite, otite) e, por extensão, "substantivos que denotam estados ou condições anormais, excessos, tendências, obsessões etc. Também usado em sentido depreciativo ou irônico: paixonite, juizite; formador de nomes de substâncias naturais ou artificiais: ebonite, reboquite; aparece em palavras oriundas do grego e do latim tardio: estalactite, estalagmite.

Aí está. Uma obsessão inflamada para alcançar um padrão abstrato de impecável perfeição em cada parte, elemento e qualidade. Soa familiar? Você danifica seu estado normal — a expressão alegre e saudável de seu verdadeiro eu — e estraga a sua vida quando tenta se forçar a ser perfeita. Como qualquer doença, o perfeccionismo é destrutivo e precisa de tratamento.

Perfeccionite: Que Diabos é Isso?

Perfeccionite é o que acontece quando os seus músculos do "deveria" se inflamam. Ela leva você a um estado anormal, uma condição maluca de pensamentos e comportamentos autossabotadores que fazem você se lançar em objetivos irreais. Quando você sofre de Perfeccionite Aguda, o Comitê de Críticas de Vocelândia enlouqueceu. Ele se transformou numa censura permanente de como você poderia ser, agir e ter uma aparência... melhor. Eu própria sofro de uma boa dose disso. Uma vez me peguei me criticando pelo jeito como abri uma porta. *Pelamor-de-Deus!*

Você tenta reprimir o Comitê mostrando como você é realmente super-hiper-mega boa. Você está determinada a ser perfeita. Infelizmente é impossível convencer o grupo de juízes do seu Comitê Interno. (Eles conhecem muito bem todas as suas falhas. Como por exemplo, aqueles DVDs que você não devolveu e ainda estão no banco traseiro do carro; o dia em que você fingiu que estava doente; a paixão secreta que você tem pelo marido de sua vizinha.) Então, para compensar, você deseja impressionar as outras pessoas para que elas a elogiem. Parecer boa aos olhos dos outros, torna-se um bálsamo para aplacar o rigor que existe na sua cabeça.

Sinais e Sintomas: Os Super

A perfeccionite força você a ser Super. Super? Sim. Superdesempenho: você nunca pode ser comum, você precisa de um sucesso perfeito. Supersobrecarga: você junta o equivalente a três dias de trabalho para fazer num único dia. Superexagero: em vez de simplesmente fazer o melhor possível, você fica obcecada em realizar cada mínimo detalhe impecavelmente. Superopressão: você se sente derrotada porque nunca consegue completar as infindáveis tarefas que estabelece para si própria.

Por mais estranho que pareça, a Perfeccionite também leva você à procrastinação. Por quê? Algumas pessoas ficam paralisadas por não quererem cometer um erro, entender errado, parecer idiota, ou, Deus me livre... falhar. Você adia começar as coisas porque não quer correr o risco de ter de se confrontar com os seus altos padrões impossíveis de serem alcançados. Se você nunca vai conseguir fazer bem o suficiente, então para que fazer?

> **Sente-se no limite? Cheque os exageros: superdesempenho. Supersobrecarga. Superexagero. Superopressão**

Às vezes a Perfeccionite toma conta de um aspecto em especial de sua vida — trabalho, limpeza, ginástica, compras, voluntariado (qualquer que seja a sua opção de perfeccionismo). Mas outras partes de sua vida são afetadas também porque você fica tão... obcecada com aquele aspecto que não dá atenção suficiente a outros. Por qualquer ângulo que você analise, a Perfeccionite definitivamente emperra sua vida.

> **O perfeccionismo leva à procrastinação,
> à paralisação e ao pânico**

Indícios Reveladores: Afinal, Como Posso Saber Se Eu Sofro Disso?

Aqui vão algumas perguntas úteis que você deve se fazer para ver se tem traços de Perfeccionite Aguda:

Você se sente impelida a parecer boa aos olhos dos outros ou conseguir a aprovação deles?

Você normalmente tenta atingir vários objetivos difíceis ao mesmo tempo?

Você raramente consegue terminar tudo o que programou fazer em um dia?

Você não consegue perdoar a si mesma por suas imperfeições?

Você não consegue perdoar as falhas alheias?

Você costuma deixar para depois quando inicia algum projeto por medo de não conseguir realizá-lo suficientemente bem?

Você fica obcecada em fazer algo tão impecavelmente a ponto de esquecer-se de si mesma?

Você duvida de suas próprias decisões?

Você diz sim quando, na verdade, quer dizer não?

Você transforma o seu lazer ou o seu tempo livre em trabalho?

Você tem sempre a sensação de que nunca está fazendo o bastante?

Você acha que tem que fazer tudo sozinha?

Se você disse sim a três ou mais questões, você pode ter adquirido o "vírus".

A História de Lacey

Lacey é uma designer de moda impecável e meticulosa com um caso grave de Perfeccionite. Ninguém consegue alcançar suas altas expectativas, nem mesmo sua amiga de infância e melhor amiga, Kimberly. Após anos vivendo em cidades diferentes, elas decidiram morar juntas num apartamento em São Francisco. Embora Lacey adorasse sua amiga, ela soluçava toda vez que estava a caminho de casa. Ela não suportava ficar no apartamento. Ela sentia vontade de gritar cada vez que encontrava as xícaras de chá de Kim sobre a mesinha de centro e os tênis na sala de jantar. Dizia a si mesma que não queria ferir os sentimentos de Kim. Ela vociferava internamente cada vez mais e sua frieza exterior aumentava. Mudou-se alegando que precisava morar mais perto do escritório. No entanto, o verdadeiro motivo eram as xícaras de chá e os tênis. Ela e Kim afastaram-se.

A Perfeccionite de Lacey torna qualquer pessoa irritante aos seus olhos, portanto ela vive uma vida desesperadamente solitária. Os homens não estão à sua altura, e ela considera sua família uma bagunça. Natal, Dia de Ação de Graças e muitas outras datas, Lacey passa sozinha, pois ela acha que nenhuma outra pessoa cozinha bem o suficiente.

Senso Demográfico: Quem é Que Sofre Disso?

Quase todo mundo, atualmente, parece ter um ou dois sintomas de Perfeccionite. Não encontro um grande número de pessoas que estejam vivendo uma autoaceitação saudável.

A cultura simplesmente não a apoia. Como mulher, você provavelmente tem a pressão adicional de ter de lidar tanto com o trabalho quanto com a vida doméstica. Se você for uma empresária como eu, está tentando conciliar tudo. Se você trabalha numa empresa, deve estar trabalhando mais do que os homens para provar que é capaz. Basicamente, se você possui um sutiã e já usou meia-calça, aposto que você tem um traço do velho vírus da Perfeccionite.

A sociedade americana foi fundada sobre a ética protestante do trabalho e parece achar que Carga de Trabalho Impossível é simplesmente ótimo e condição necessária para o sucesso.

As pessoas recebem mais elogios por realizações do que por serem felizes, então de bom grado elas iniciam o que, de fato, é um esquema tóxico de trabalho. As revistas estão cheias de histórias de supermulheres que cozinham tão bem quanto a Martha Stewart, são tão esbeltas quanto a Kate Moss, dirigem um império como a Oprah e afirmam ter o casamento dos sonhos e apenas três horas de sono por noite.

> *Fast Quiz*: é melhor ter sucesso ou ser feliz?

Os noticiários elogiam executivos que quase não descansam como se fossem uma nova estirpe melhorada de guerreiros capitalistas, acima e além dos simples mortais que precisam de oito horas diárias de sono e oito copos de água por dia.

"Trabalhos Radicais (e as pessoas que os adoram.) Semanas de oitenta horas? Viagens sem fim? Alto estresse? Pode mandar!". Era a chamada de capa da revista Fast Company. Ao lado do artigo havia um cartoon de uma mulher segurando um celular: "Eu não tenho vida... e adoro isso!".

Sério, ela certamente precisa de uma receita de um antiperfeccionite!

A História de Lydia

Um número cada vez maior de empresas está impondo cargas de trabalho insanas como norma geral. Uma pessoa de uma plateia de mulheres executivas para quem eu falava, abordou o assunto "casa" de forma dramática. Lydia é uma morena esbelta e vibrantes olhos claros. Era sócia de uma grande firma de advocacia e estava para se aposentar. Depois da minha apresentação ela compartilhou comigo: "no fim dos anos 70 e começo dos 80, as horas que eu dedicava ao trabalho me faziam parecer uma das pessoas que mais trabalhavam na empresa. Se eu trabalhasse aquele mesmo tanto de horas, comparado ao que trabalha um jovem advogado recém-admitido, eu seria demitida por ser indolente". Ela abaixou a voz e continuou: "minha filha é uma jovem advogada e está tentando se tornar sócia de um escritório de advocacia na cidade de Nova York. Ela trabalha tantas horas, que quando vai para casa as lojas já estão todas fechadas. Às vezes, ela não tem tempo nem para comprar papel higiênico, e então tem que surrupiar do estoque da empresa".

Etiologia: Afinal, Como Isso Acontece?

Duas coisas contribuem para um surto de Perfeccionite: uma cultura que valoriza o alto desempenho acima de tudo o mais; e uma pessoa com baixa autoestima que assimilou esses valores e é motivada a tentar viver de acordo com eles. Quando, em algum lugar dentro de si, você acredita que não tem valor, que é inapropriada ou incompetente, é fácil começar a viver de fora para dentro. Você faz as coisas para receber a aprovação dos outros — da sociedade, do seu chefe, sua família, professor, colegas ou filhos — em vez de fazer escolhas que sejam saudáveis para você.

Quando se é criança é fácil igualar ser boazinha com ser

amada. Suas boas maneiras são elogiadas. As ruins são punidas. Com o passar do tempo, o seu valor como pessoa parece estar baseado em seu desempenho. Em algumas famílias, inclusive, há uma mensagem de que se você não for excelente na escola, nos esportes ou socialmente, você é um grande fracasso. O comportamento, então, parece uma varinha mágica. Ele tem o poder de fazer você obter mais amor. Que coisa mais inebriante! Ele joga o seu encanto muitas e muitas vezes.

Se você for como eu era quando estava crescendo, pensaria: "Cara, eu quero ser amada o tempo todo, mas eu não consigo ser boa o tempo todo. Só consigo ser boa por algum tempo. Se não consigo ser boa o tempo todo, então eu devo ser uma pessoa ruim por dentro. Isso significa que eu tenho que trabalhar muito, muito pesado para fazer as coisas realmente muito, muito, muito bem".

Igual a tantas outras mulheres, você começa a ser uma campeã de procurar defeitos em si mesma. Você critica o seu peso, a sua carreira, a sua solteirice lamentável. A autocrítica é um mecanismo de defesa circular: "Se eu for bastante exigente comigo mesma as pessoas não precisarão ser tão rigorosas comigo".

A História de Amanda

O pai de Amanda era um executivo ocupado que dirigia uma bem-sucedida empresa de manufatura. Ele viajava frequentemente. O pai esperava boas notas, boa aparência e bom comportamento de cada um dos cinco filhos. Já que a presença dele era muito limitada na vida de Amanda, ela estava determinada a conseguir sua atenção quando ele estivesse por ali. Ela imaginou que se conseguisse ser uma aluna excepcional na escola e nas quadras de tênis, ela conseguiria um contato mais direto com ele. Amanda era a primeira aluna em todas as matérias do ensino médio e, naquela idade, já disputava torneios nacionais de tênis.

Seu pai parabenizava seus sucessos, mas acreditar que ela precisava ganhar o seu reconhecimento trouxe uma sensação de vazio a Amanda. Inconscientemente ela decidiu "se exibir" a seu pai, tornando-se mais bem-sucedida do que ele. Amanda pisou fundo no acelerador e escalou o ranking das melhores empresas como advogada do ramo empresarial. Em pouco tempo ela tinha uma supermansão num bairro rico e uma semana de oitenta horas de trabalho para poder manter seu estilo de vida. Mesmo cansada, ela conseguiu entrar numa academia para manter o corpo impecável. Em algumas manhãs ela quase vomitava de exaustão, mas ia assim mesmo. Amanda começou a beber para "desacelerar" depois de um dia de trabalho. Pouco depois, começou a manter uma pequena garrafa em sua mesa de trabalho "para se manter sã". Sua hora de comer se transformou em hora de beber. Algum tempo depois, naquele ano, ela foi demitida após adormecer, bêbada, no meio de um longo julgamento.

A Vida na Faixa dos Não Tão Perfeitos

Como seria a vida sem essa doença? (Isso mesmo é possível viver sem ela!) O oposto da Perfeccionite é o que os pesquisadores chamam de "esforço saudável". Estudos mostram que os empenhados saudáveis estabelecem metas realistas que correspondem ao passo seguinte natural ao patamar em que estão naquele momento. Você também pode conseguir! Vá em frente e sonhe alto. Depois, trace um conjunto de passos racionais que a levarão lá. Dessa forma você vai trabalhar com inteligência e não só com persistência.

E tem mais. Você precisa agradar a si mesma por completar cada passo do caminho. Isso se constitui num grande reforço positivo interno. Quanto mais passos você considera dados, e bem dados, mais você reforça a construção de uma autoimagem de uma pessoa inteligente e bem-sucedida. Isso faz você se sentir ótima. Em vez de se recompensar apenas quando alcança os resultados para o mundo externo, você desfruta os encantos da jornada. Já que essa é uma expedição supermaravilhosa, você aceita os percalços do caminho e os machucados no pé como parte da aventura.

Ninguém é Perfeito. Todos têm espinhas ou celulite, ou ambas

O esforço saudável caminha com uma autoestima saudável. E quando a sua autoestima está viva e bem, você tende a viver de dentro para fora. Como costuma dizer minha amiga Kathryn Allen, você "escolhe um jogo que pode ganhar". Você faz coisas que são boas para você internamente e são alcançáveis externamente. Você presta atenção nos seus sabidinhos internos. Como Prefeita, você realiza Reuniões Municipais regulares, portanto, seu destino é ir para um lugar onde todos de Vocelândia querem ir. Você se livra dos "você deveria" e deixa os sonhos do seu coração a guiarem. Ao fazer isso, você estará se tratando da melhor maneira. E, milagre dos milagres, você se respeita e os outros também.

Parece um modo perfeito de viver? Você está se batendo porque estes três últimos parágrafos não parecem descrevê-la? Cuidado. A Perfeccionite pode estar contaminando a maneira como você lê isso. É fácil ser perfeccionista a respeito de não ter Perfeccionite! Mas, há um antídoto, continue lendo.

Ninguém é perfeito. Pelo que me consta, não há uma única pessoa perfeita no Planeta. Todos têm espinhas ou celulite, ou ambas. Todos ficam com raiva ou decepcionados. Não existe uma só pessoa que não tenha alguma mania esquisita ou algum segredo, que prefere manter só para si. Aleluia! São essas vulnerabilidades que nos tornam singulares e ainda mais adoráveis.

Quem desejaria viver num mundo de Stepford Wives. Eu não. Então por que não se dar um descanso hoje? Deixe tudo que não está tão bom quanto você gostaria que estivesse — assim mesmo. Reserve alguns minutos para ser simplesmente do jeito que você é. Sinta-se poderosa, do jeitinho que você é.

Tratamento:
Jogo do Viva a Vida

Agora é hora de dar o pontapé inicial no seu plano de tratamento contra a Perfeccionite Aguda.

1. Centre-se. Faça três inspirações profundas de ternura. Faça três expirações profundas eliminando a fadiga. Bravo! Você acabou de dar um passo em direção ao seu reabastecimento.

2. Peça para o bem de todos. Como Prefeita, aguarde um momento e assuma o seu posto e peça para que as suas escolhas estejam alinhadas com o que for melhor para todos os envolvidos.

3. Estabeleça a sua intenção. Estabeleça a intenção de ser gentil consigo própria e respeitar-se.

4. Simplesmente diga não. Dê uma olhada na sua agenda. Escreva o que você planeja fazer hoje. Quanto tempo você calculou para cada item? Duplique. As coisas levam mais tempo do que você pensa. Que itens da sua lista podem ser retirados? Diga não a essas tarefas e renegocie novos prazos. O dr. Andrews Jacobs, psicólogo do esporte, tem ajudado atletas olímpicos a cultivar as atitudes mentais que vão torná-los vencedores. Ele sugere a seus clientes: "Aprenda a dizer não. Aprenda a se desvencilhar".

5. Seja realista. Isso não é tudo. Onde você agendou o seu tempo? Se você não arranja tempo para si mesma, quem o fará? Como Prefeita, planeje um recesso de, pelo menos, quinze minutos. E faça o favor de cumpri-lo.

6. Seja realista mesmo. Dê uma olhada na sua lista de tarefas pendentes. Suas metas são realistas? Ou você precisaria de um clone para conseguir fazer tudo aquilo? Use uma dica de meu amigo David Allen. Crie uma lista de "Talvez algum dia eu faça" para aquelas tarefas que você gostaria de fazer, mas que no momento não dá. Cheque a sua lista uma vez por semana e veja se as coisas mudaram.

7. Seja muito, muito realista mesmo. Pare de ser A Patrulheira Solitária. Pegue o telefone. Peça ajuda ou conselho. Provavelmente você tem uma amiga que é ótima naquilo que não 'é o seu forte.

8. Continue realista. Buscar apoio com os outros é um sinal seguro de que você está se recuperando da Perfeccionite. Não há nada melhor do que fazer uma dupla com alguém que possa ajudá-la a se manter realista. Chequem entre si. Ter uma companhia vai ajudá-la a manter o compromisso de cuidar de si própria e ao mesmo tempo estabelecer metas mais realistas.

9. Elogio e prêmio. Parabenize-se com frequência. Até mesmo pelas pequenas bobagens. "Nossa, que bela limpeza eu fiz com o fio dental hoje! Bravo! Que refeição maravilhosa eu preparei para o meu cachorrinho." Quanto mais você própria se elogiar, menos você vai precisar buscar o elogio de outras pessoas.

10. Brinque. Não se esqueça de pôr o foco na DIVERSÃO! Você já parou com aquele negócio de ter que dar duro.

11. Agradeça a você mesma. Agradeça-se por fazer a excelente escolha de recuperar sua vida novamente.

*Como qualquer doença, o perfeccionismo é
destrutivo e precisa de tratamento.*

capítulo 9

você está assando biscoitos
ou carvõezinhos?

Cuide Muito Bem de Si Mesma

As mulheres foram programadas geneticamente para dar, dar e dar. Considere esse pequeno factoide sobre o comportamento humano feminino: se uma mulher grávida não estiver ingerindo cálcio suficiente em sua dieta, seu corpo retira cálcio de seus ossos para alimentar o bebê. Uma gestante toma suplemento de cálcio exatamente por essa razão — suas células estão prontas para pôr a saúde do bebê antes da sua. Nosso sistema bioquímico vem totalmente programado para fazer esse tipo de autossacrifício surpreendente. Talvez seja por isso que muitas mulheres possuam uma generosidade altruísta. Nós nos esquecemos que "dar tudo de si" é só para emergências verdadeiras. Mesmo que você não tenha filhos, provavelmente, está sempre ajudando os colegas de trabalho, os vizinhos, as pessoas de sua congregação, ou os menos afortunados. Você vê alguém com uma mínima necessidade e vai firme, igualzinho o cálcio de seus ossos. Graças a Deus. Dar é uma benção. Mas dar em excesso (dar ignorando suas próprias necessidades) transforma essa dádiva em fardo.

Helloooooo! Acorde e caia na real. Uma vez que você foi programada para pôr os outros em primeiro lugar, escolher cuidar de você pode parecer esquisito. Vamos lá, queridinha. Faça assim mesmo.

Betty Emma Lucca ou Betty é Maluca?

Quando uma mulher — vamos chamá-la de Betty — ignora suas necessidades (de sono, intimidade, exercícios ou qualquer outra coisa que a entusiasme) ela acaba ficando pinel.

Ela está tentando se parecer com a garota do cartaz do novo milênio: casa decorada com perfeição, filhos maravilhosos, carreira em ascensão, casamento feliz. Vista de longe ela parece a supermulher: Betty Emma Lucca. Ela vem apressada do trabalho puxado, repleto de demanda, para casa e põe apressadamente uma fornada de biscoitos para assar e logo sai correndo com sua minivan cheia de crianças para levar ao treino de futebol. Os vizinhos do outro lado da rua sentem o aroma dos produtos recém-cozidos flutuando no ar e se perguntam: "Como ela consegue fazer isso?". Mas só que bem de perto você pode perceber que Betty é Maluca. Se ela não reservar algum tempo para si própria, vai rolar ladeira abaixo em direção a uma desgraça. Se aqueles vizinhos fossem até a sua cozinha, eles veriam que ela estava queimando uma fornada inteira de biscoitos.

> **Coloque-se em último lugar e vai haver uma bela sujeira para limpar**

Betty está em frangalhos, nem percebe o alarme tocando em sua cozinha enfumaçada, nem que o que ela está servindo à sua família e seus amigos são deliciosos pedacinhos de... carvõezinhos. Mas é isso que ela está fazendo.

Está bem, ela pode parecer fantástica — por algum tempo. Mas se ela continuar passando por cima de suas necessidades, Betty vai ficar amarga e começar a beber e cair sobre o balcão da padaria, ou desmoronar num mar de exaustão. E quando a fumaça baixar, ela vai ter anos de resíduo imundo espalhado pelos armários da cozinha para limpar.

Isso é o que dá ter-se colocado em último lugar. *Argh*, toda aquela sujeira em cima de tudo. Nem mesmo Betty Emma Lucca está isenta de pagar o preço de passar por cima de seus limites.

A História de Nicole

Os amigos balançavam a cabeça e se perguntavam como Nicole conseguia. Ela era o principal ganha-pão de sua família, com três filhos. Frank, seu marido, era um inventor. Seus projetos pareciam nunca render dinheiro, mas o afastavam da cidade com frequência. Além de ganhar a maior parte do dinheiro da família e ser mais presente na educação dos filhos, Nicole era a responsável pelo programa de voluntários de sua igreja. Escrevia, ainda, livros infantis "nas horas vagas". Se alguém na comunidade precisasse de algo, era à Nicole que recorriam em primeiro lugar. E ela nunca dizia não. Era capaz de ficar acordada até as três horas da manhã preparando cestas assistenciais para um abrigo de mulheres destruído, mesmo que tivesse prazo para entregar um trabalho no serviço no dia seguinte.

Muitos achavam que ela deveria ser canonizada. Exceto os funcionários de sua igreja, que secretamente se ressentiam pelo fato de ela fazê-los parecer uns parasitas.

Nicole sempre afirmava que não precisava de muito sono. Até precisar. Seus anos assando "carvõezinhos" acabaram com ela. Mesmo durante uma gravidez difícil, ela continuou com seu trabalho estafante. Ela havia se reduzido a um fragmento tão frágil de seu antigo eu, que estava de cama há quase um ano. Quando ela conta sua história, sua voz treme ao descrever que estava tão fraca que não conseguia carregar sua filha. No momento, Nicole está apaixonada pelo trabalho de ensinar mulheres a cuidarem de si mesmas. Ela conduz *wokshops* nos quais ensina mulheres a se autonutrirem.

Dôo, Logo Existo

Você acha que não doa para os outros em primeiro lugar? Feche seus olhos. Recorde de como você sentia seus ombros no, vejamos, dia 26 de dezembro. A tradução do seu feriado seria: "Como sobreviver ao Natal?" (ou Hannukah ou Kwanzaa ou Ramadan de acordo com sua religião).

Bem-vinda ao clube. Por ocasião do feriado do Dia de Ação de Graças você pode ver a componente maluca "cuidando dos outros" do cérebro de uma mulher a todo o vapor. Ela a manda pisar fundo no acelerador para fazer dos feriados algo muito especial, buzinando para quem aparecer no meio do caminho que leva direto ao Ano-Novo.

Eu cresci me perguntando por que os homens ficavam jogando conversa fora ao redor da mesa ou diante da TV enquanto as mulheres trabalhavam na cozinha. A mulher da casa prepara o banquete para o seu clã, serve e limpa tudo depois. Ah, claro. Isso tudo depois de ter rodado o shopping, comprado, embrulhado e enviado um monte de presentes. Ah, claro. E tudo isso depois de ter feito o supermercado, lavado a roupa e limpado a casa. Ah, claro. Isso tudo depois de ter feito aquele bolo de canela. Parece loucura? Eu fico me perguntando o que outras espécies diriam ao ver isso!

Em Grão, Torrados ou Moídos

"O que eu quero de Natal é... uma soneca!" estava escrito num cartão de Natal que vi numa papelaria e não pude deixar de comprar. Sem brincadeira. Muitas pessoas estão tão exaustas que elas se perguntam se existia vida antes do café. Dê uma olhada no empório com produtos com cafeína nas redondezas e você terá uma ideia bem clara de como as pessoas estão cansadas. Java era só uma marca [dos Estados Unidos] de bebida para o café da manhã, hoje em dia, é um grupo alimentício enorme. As pessoas devem realmente estar muito cansadas em Seatle. Há até lojas de cafezinhos ao lado da esteira de bagagens nos aeroportos.

Por que essa abrupta necessidade de cafeína? Os tempos mudaram — e isso provavelmente não é novidade para você. Atualmente, as pessoas precisam de um chacoalhão de Java.

> **Você está tão ocupada que... é, claro...**
> **se esqueceu de cuidar da sua vida?**

Os americanos estão trabalhando mais duramente e por mais horas do que costumavam, mais do que qualquer outra nação industrializada (conseguiram "roubar" esse título do Japão em 1995.) A cada ano, trabalham um mês a mais que os japoneses e três meses a mais do que os alemães.

Há alguns anos eu fiquei horrorizada ao aprender uma palavra nova: Karoshi. Quer dizer "morrer de excesso de trabalho". Infelizmente esse termo tornou-se tão conhecido do lado de cá do Pacífico que já está aparecendo nos dicionários ingleses. E o que é mais trágico — é mais do que uma simples palavra. Consultei duas empresas diferentes e fiquei sabendo de gente que chegou para trabalhar num Ford e "voltou para casa" num caixão.

Quando o café se tornou um importante Grupo alimentício?

Cuidar de si mesma não é só é uma boa ideia — é essencial para a sua sobrevivência.

Acredito que essa epidemia de "trabalhar mais arduamente, mais horas e não descansar o suficiente" é particularmente prejudicial para as mulheres. Não é apenas o fato de que nossas células foram programadas geneticamente para darmos mais para os outros. As mulheres têm um sétimo da produção de testosterona que os homens. E daí? A testosterona é elemento-chave no desenvolvimento dos músculos, esforço e resistência. E resistência é o que você mais precisa para aguentar essa jornada de trabalho insana em que você se meteu.

Você precisa queimar o seu dia?

As mulheres pressionam-se tanto quanto, ou até mais que seus colegas homens, no trabalho, porque são uma categoria recente no mercado de trabalho. Contudo, em minha opinião, nós não temos as reservas de testosterona necessárias para acompanhar esse ritmo. Se a tudo isso você ainda acrescentar a tarefa de cuidar dos filhos, você obterá a receita perfeita para uma "bela fornada de 'carvõezinhos'". Seu corpo precisa de algum tempo para manutenção. Se você quer uma desculpa, diga a si mesma e aos seus entes queridos que você está fazendo isso pela sua saúde.

Está Difícil? Já Para a Cama!

O primeiro lugar para você começar a se reabastecer pode ser simplesmente embaixo das cobertas. Embora você esteja trabalhando mais, provavelmente está dormindo menos. A América do Norte tem um débito secreto que cresce a cada ano. Nós sofremos do que os pesquisadores chamam de "débito de sono". Os Estados Unidos são o país com a maior privação de sono. Mais e mais dados científicos mostram que não estamos dormindo o que precisamos.

> **Pague o seu débito sem ter que tocar no talão de cheques. Durma mais horas. Durma *maizzzzz***

Sete em cada dez americanos estão dormindo sete horas ou menos. No entanto, outros estudos mostram que oito horas de sono são tão importantes quanto uma boa alimentação e exercícios físicos. Por quê? É durante o sono que o seu corpo se recupera e se regenera do desgaste do dia.

Não é nenhuma novidade que você funciona melhor depois de uma bela noite de sono. Você sabe como fica cansada após uma noite de insônia. Você sente os efeitos por não conseguir a renovação que precisa. Sua capacidade de se concentrar e tomar decisões diminui assustadoramente em cerca de 50%. Suas habilidades de comunicação caem cerca de 30% e sua memória 20%, diz Mark Rosekind, membro-diretor da Fundação Americana do Sono (National Sleep Foundation) e também presidente e cientista-chefe da Alertness Solutions.

Para piorar as coisas, um grande débito de sono acentua os sinais de envelhecimento. Não é à toa que ele é chamado de Descanso da Beleza. Menos de oito horas de sono aumenta o risco e a gravidade de doenças associadas ao envelhecimento, como diabetes, hipertensão, obesidade, perda de memória — sem contar que estraga a sua aparência.

E isso sem levar em conta o fator mau humor. Você vai virar uma garota rabugenta se não dormir o necessário. Pesquisas sobre o cérebro mostram que você tem duas vezes mais probabilidade de perder a paciência e se alterar com um colega de trabalho ou com o seu amado quando não dorme o suficiente. Todo mundo ao seu redor agradece quando você arruma um pouquinho mais de tempo para seus doces sonhos! Portanto, dê a si mesma meia hora a mais de sono pelo menos uma noite desta semana.

> Não é a toa que o sono é chamado de Descanso da Beleza

Acrescente Um Pouco de Alegria à Massa do seu Biscoito...

Você deve estar pensando: "Mas eu não tenho tempo de arrumar tempo para mim". Isso é uma grande bobagem daqueles seus genes "Eu dôo, logo existo"! Com certeza você está atarefada, mas como Prefeita, pode decidir introduzir alguns pequenos agrados no seu dia. Você já percebeu que algumas mordidinhas num chocolate suíço são mais gratificantes que vários pedaços de bolo amanhecido? Quinze minutos de algo superbom, proporciona uma gratificação muito mais profunda do que duas horas de alguma coisa que é mais ou menos.

Eu descobri isso durante a minha luta para parar de assar "carvõezinhos". Como meus amigos poderão lhe contar, eu sou famosa pela minha capacidade de queimar qualquer comida. (Hoje mesmo tive de raspar as partes queimadas da minha torrada do café da manhã.) Na minha cozinha eu tenho uma plaquinha entalhada à mão que diz: "Se não estiver queimado, não foi a mamãe que fez". Enquanto estou escrevendo este livro, ainda gerencio uma empresa de consultoria e *coaching*, dou palestras pelo país e participo de um curso de doutorado. Entendo muito de queimar comida... e minha agenda também.

"Alegrimentação" me veio à mente num flash numa manhã enquanto eu comia o ovo que deixei cozinhar demais e passar do ponto. Eu pensei: e se você combinasse o que a deixa alegre com o que a alimenta? Alegrar + alimentar = Alegrimentar. Dose dupla de diversão e prazer. Matricule-se nesse curso já! Gente, estou feliz por ter inventado isso. Minha alegrimentação naquele dia foi comprar uma lingerie colorida. Quando criança, eu adorava brincar de me produzir. Por alguma razão, quando me sinto ousada nas minhas roupas íntimas, eu me sinto nutrida. É como se eu tivesse um pequeno (e eu quero dizer pequeno mesmo) segredo. Talvez a sua alegrimentação seja fazer ioga ou fazer velas. Busque aquilo que a faça sorrir.

> **Alegre + Alimentação = Alegrimentação**

Daí então, a alegrimentação começou a funcionar também com os meus clientes. Uma cliente, uma curandeira aqui na Califórnia, achou que deveria dar um passeio. Como a palavra "deveria" quase não faz parte do rol da alegria deste livro, resolvemos ir mais fundo... Sua aligrementação acabou sendo outra coisa completamente diferente. No fim das contas, o que a deixou feliz e satisfeita até as tampas foi comer chiclete e ir patinar!

Jogo:
O Festival do Descanso

Você se recorda de quando sua mãe a lembrava de que era hora de ir para a cama? Se a sua Conta do Sono está "no vermelho" aqui vão dicas para você começar a fazer depósitos novamente.

O que você precisa: de você mesma e de seu despertador.

1. Hora de ir para a cama. Durante uma semana regule o seu despertador para lembrá-la de ir dormir. Programe-o para quinze minutos mais cedo do que seu horário habitual.

2. Fabulosos quinze. Na semana seguinte, programe-o novamente para quinze minutos antes do horário da semana anterior. Continue adiantando semanalmente seu despertador até conseguir oito horas de Descanso da Beleza.

3. Hora da soneca. Eu sou uma grande fã das sonecas. Se você trabalha fora de casa, tente. Se você trabalha numa empresa, veja se consegue um lugar silencioso para descansar durante o intervalo de almoço. Um cochilo de vinte minutos pode lhe dar uma reanimada.

4. Agradeça a você mesma. Agradeça-se por escolher se recarregar, renovar-se.

E então: o que a deixa alegre e também alimenta o seu corpo e seu espírito? Cantar a pleno pulmão? Brincar com o seu cachorrinho? Tricotar? Confira na sua Vocelândia. Se você está à procura de ideias, tente fazer por alguns minutos algo que você gostava de fazer quando era criança.

141

O Jogo da Alegrimentação

Reserve alguns minutos para se revigorar. Você não acha que merece quinze minutos do seu dia dedicados inteiramente a você? Por que não desligar seu celular e servir-se de uma pequena fatia de felicidade?

1. Centre-se. Inspire profundamente a alegria três vezes. Expire profundamente o blábláblá. Isso foi fácil.

2. Peça para o bem de todos. Como Prefeita, aguarde um momento e assuma o seu posto, e peça para que as suas escolhas de autonutrição sejam para o bem de todos.

3. Estabeleça a sua intenção. Estabeleça a sua intenção de nutrir-se e respeitar-se.

4. Pergunte. Pergunte a si mesma: como posso me alegrimentar? O que me faria dar boas risadas hoje? O que faria eu me sentir reabastecida agora? Dê-se um minuto para perceber o que poderia deixá-la satisfeita nesse exato momento.

5. Surpresa! Tudo bem se parecer bobagem. A felicidade não é lógica. Você quer comprar umas flores, pegar suas aquarelas e pintar, vestir lingerie fúcsia? Não importa se é frívolo ou juvenil, deixe a sua "alegria" surpreender você.

6. O que há no cardápio das crianças? Se você estiver sem ideias, pense no que adorava fazer quando criança. Se você era a campeã do bairro em fazer tortas de barro, colocar a mão na argila pode ser uma boa ideia. Se você gostava da Barbie, da Susi, do Ken, talvez um passeio a uma loja de brinquedos lhe faça bem. Tente.

7. Escreva. Escreva o que você quer. Isso ajuda a fixar o seu desejo para não esquecê-lo no meio de um dia atarefado.

8. Hoje, se possível. Agora decida quando você vai se alegrimentar. Por que retardar seu prazer? Planeje desfrutar de sua alegrimentação hoje. Ou, pelo menos, dentro de sete dias.

9. Corte em pedaços para torná-la possível. Fazer algo pequeno é o suficiente para fazer a sua alegrimentação fluir.

Digamos que a sua alegrimentação seja dar uma caminhada na orla do mar, mas você está longe da praia. Pergunte-se como você poderia proporcionar um pedacinho daquela experiência hoje. Talvez você possa se enfiar numa banheira com sais marinhos; ou ouvir música havaiana clássica; ou admirar sua coleção de conchas do mar depois de uma caminhada pelo quarteirão à noitinha.

10. Agradeça a si mesma. Agradeça-se por fazer a escolha positiva de reabastecer-se.

capítulo 10

reze a Deus... e converse com suas amigas

Um Imperativo Biológico da Mulher

Estou aqui para lhe contar algo que você já sabe: nós, mulheres, temos uma necessidade muito maior do que os homens de nos relacionar e falar. Essa característica, assim como cuidar dos outros, também está nos nossos genes. Se você está tentando arranjar um homem para preencher todas as suas necessidades de interação, você pode dar de cara com dificuldades inesperadas. E há uma razão para isso acontecer. Homens e mulheres falam línguas diferentes em muitos assuntos. É por isso que você precisa de algum tempo com as amigas. Considere isso como uma necessidade feminina mínima de comunicação diária.

Agora, não vai ficar ressentida comigo. Eu não estou dizendo que todos os humanos são horríveis e estúpidos. Eu não estou insinuando que os homens e as mulheres não possam se relacionar profundamente. De forma alguma. Não estou advogando que você deva sonegar os seus pensamentos e sentimentos aos homens. Isso não é uma provocação aos homens. Os homens são diferentes, não são melhores ou piores. Aprender alguns desses contrastes pode ser de grande serventia.

Tamanho é Documento, Sim!

Veja só as últimas notícias: o corpo dos homens e o das mulheres se desenvolve de formas diferentes (puxa, Eli, obrigada, hein, por sua descoberta original) e os seus cérebros também. O corpo caloso do cérebro feminino é maior. O corpo caloso é uma passagem que conecta os dois lados do cérebro. Ele permite que as mulheres mandem informação de um lado a outro mais rapidamente que os homens. Ele nos dá maior habilidade verbal.

Nós conversamos mais. Eu e você temos muito mais palavras para usar. O canal maior significa que nós usamos um montão de palavras a mais que o homem ao nosso lado. E a gente vem fazendo isso há muito tempo. As meninas apresentam duas vezes mais capacidade verbal do que os meninos, antes mesmo de atingir os dois anos de idade. E essa diferença se torna mais pronunciada com o passar dos anos. Pesquisas mostram que as mulheres usam uma quantidade de palavras mais de três vezes maior do que a dos homens. Richard Haier, da Universidade da Califórnia, em Irvine, relata que uma mulher média usa de vinte mil a vinte e cinco mil palavras por dia. Um homem normal utiliza de sete mil a dez mil no mesmo período. Há alguém melhor com quem gastar esse excesso de palavras do que uma amiga?

Mas espere, tem mais ainda. Um corpo caloso maior significa que o cérebro das mulheres recupera informação mais rapidamente, por isso conseguimos pular de um assunto para outro. E é por isso que você consegue também realizar várias tarefas ao mesmo tempo. Você consegue falar e fazer mais de três coisas ao mesmo tempo. A natureza masculina não permite que eles dêem esse salto. Uma vez um sujeito me interrompeu no meio da conversa e disse: "Sobre o que estávamos falando? Você foi tão longe de onde começamos que eu esqueci sobre o que falávamos".

O cérebro dos homens normalmente recupera um fato por vez. Eles falam como se estivessem assentando tijolos. Eles se concentram em um fato — tijolo —, colocando-o no lugar e certificando-se de que está bem assentado com o cimento da lógica. Eles terminam cada passo antes de ir para o seguinte. A + B + C + D leva a E. As mulheres conversam como se estivessem preparando salada. Até preparando uma salada nós somos multitarefa.

> **Fala masculina = assentar tijolos**
> **Fala feminina = preparar salada**

Eu e você tendemos a ir jogando alegremente os fatos de três pilhas diferentes sem perder tempo e nos certificando de que vão combinar entre si. A + DD + G - H leva ao E.

Olha só como um garoto de treze anos consegue dar uma explicação bem simples disso tudo. Meu jovem amigo Taylor e eu

eli davidson

estávamos dando um passeio uma noite dessas e eu lhe perguntei se ele via diferenças entre os meninos e as meninas da 6ª série. "Os meninos são mais simples. As meninas são mais complicadas e fazem coisas estranhas com as roupas." Quando perguntei por que ele achava que havia diferenças, ele disse: "Porque quando nós vivíamos em cavernas, os homens tinham de caçar para conseguir alimentos. Eles tinham de se concentrar e ficar quietos. As mulheres ficavam em casa preparando o jantar e cuidando das crianças, então, ficavam o tempo todo conversando". Falou e disse!

Descoberta no Intervalo para o Cafezinho

Eu me sentia um pouco tímida quanto a levantar a bandeira em prol da... Vez das Garotas. Mas enquanto eu estava escrevendo este capítulo, minha amiga Mimi me falou a respeito de um estudo recente. Eu conto com algumas cientistas surpreendentes para me apoiarem. Os dados que elas me passaram são importantes e a história é fantástica.

Uma dupla de pesquisadoras da UCLA (Universidade da Califórnia – Campus de Los Angeles) estava conversando na sala de café, durante o intervalo. Elas estavam rindo a respeito de como em momentos de estresse, as mulheres do departamento vinham à sala do cafezinho, arrumavam o laboratório, tomavam café e se reuniam. Já os homens, sob pressão, enfurnavam-se em seus escritórios e nunca eram vistos.

As duas mulheres, dra. Shelly Taylor e dra. Laura Klein, compartilhavam um momento de descontração. Talvez o comportamento de seus colegas cientistas fosse uma chave para a compreensão dos diferentes comportamentos da espécie. "E se as mulheres processassem o estresse de maneira diferente dos homens?", elas ponderaram e resolveram ir mais fundo no

147

assunto. Não demorou muito para que descobrissem algo muito interessante — 90% de todos os dados pesquisados e reunidos durante os últimos cinquenta anos sobre o estudo do estresse foram realizados com homens. *Helloooooo*. São centenas de pesquisas comportamentais e biológicas e milhares de sujeitos do sexo masculino. E se isso enviesasse os resultados dos testes? A maior parte do que sabemos a respeito da famosa resposta de ataque–ou–fuga é baseada nos homens. E se o sexo feminino reagisse de forma diferente ao estresse?

Oh, Puxa... Que Diferença Faz um Cromossomo Y!

As dras. Taylor e Klein começaram a rever as pesquisas de mulheres sob estresse. O que começou como uma simples conversa acabou levando a uma descoberta revolucionária. As fêmeas de diferentes espécies — não só da espécie *homo sapiens* — processam os estressores de forma diferente dos homens. Temos uma arma secreta adicional que os homens não possuem. Elas a denominaram de resposta de "aproximar-se e fazer amigos". Elas descobriram que quando as fêmeas se deparam com um fator estressante importante, uma pequena quantidade do hormônio ocitocina é liberado. A ocitocina é carinhosamente chamada de hormônio do amor e do afeto, e tem um efeito calmante. É a substância poderosa produzida no corpo feminino quando uma mulher amamenta o seu bebê ou sente uma forte ligação emocional.

> **Quer um demolidor de estresse?**
> **Aproxime-se e relacione-se, minha amiga**

Aquela sensação de "bem-estar" que o corpo de uma mulher produz, a impulsiona a cuidar do bebê e do lar e a querer agrupar-se com outras mulheres nos momentos de forte estresse. Ele também diminui o impacto de alguns dos danos da vida moderna a uma resposta de ataque ou fuga superestimulada, tais como hipertensão, agressividade e até mesmo a tendência ao consumo de drogas.

Quando você se aproxima das pessoas e se relaciona com elas, uma maior quantidade de ocitocina é liberada. Seus hormônios a recompensam, dando-lhe mais daquilo que neutraliza o estresse e a acalma. Mais ainda, o hormônio estrógeno parece aumentar a eficácia à ocitocina.

Os homens não têm tanta sorte. Eles produzem altos níveis de testosterona quando estão sob estresse. Isso os ajuda a sair e chutar alguns traseiros. No entanto, ela também corta os efeitos calmantes da pequena quantidade de ocitocina que seu corpo produz quando está sob estresse.

Vitamina G

Quando minha melhor amiga, Barbara, disse que talvez a "Vez das Garotas" fosse um nutriente diário, uma vitamina G, eu literalmente caí da cadeira. Eu me senti como se nós estivéssemos lá na Universidade da Califórnia em Los Angeles — dando um nome a alguma nova substância que as mulheres têm e os homens não. Após essa euforia, resolvi fazer uma pesquisa no Google e digitei vitamina G e meu coração sucumbiu. Droga, já havia uma vitamina G. É um outro nome para a vitamina B12. Ao ler a pesquisa, no entanto, percebi o quanto as duas tinham em comum. A necessidade de vitamina B12 aumenta durante situações de estresse. Está bem. Quando as coisas estiverem difíceis, quem você vai chamar? Suas amigas. A vitamina B12 auxilia no crescimento e no estado geral da saúde. Isso também se encaixa. Gastar tempo com suas amigas faz bem ao seu crescimento pessoal e à criatividade. A vitamina B12 promove a saúde da pele, das unhas e do cabelo. As mulheres não despendem um pouco mais de tempo cuidando da pele, unhas e cabelo do que os homens? A vitamina

B12 ajuda a metabolizar os carboidratos, gorduras e proteínas. Qual a mulher que não deseja um metabolismo melhor? Certo, a conexão entre a vitamina G e a vitamina B12 não é ciência pura, mas olha, esta é uma lógica de salada.

Quanto Mais, Melhor... e Saudável

A necessidade inata das mulheres por amizade pode ser uma das razões pelas quais elas tendem a viver mais do que os homens. Estudos e mais estudos mostram que manter laços sociais faz bem à saúde. Ligar-se a amigos abaixa a pressão arterial, a frequência cardíaca e o colesterol. E assim como você precisa da vitamina B12, você também precisa do apoio dos seus entes queridos e de sua comunidade, principalmente nos períodos mais difíceis e desafiadores.

> **Equilibre a sua dieta.**
> **Tome uma dose diária de vitamina G!**

Mais notícias lá do fronte da vitamina G: os amigos não só ajudam a viver mais como também ajudam a viver melhor. O famoso Estudo de Saúde feito pelas Enfermeiras da Escola de Medicina de Harvard descobriu que quanto mais amigas uma mulher possui, menor é a probabilidade de ela adoecer à medida que envelhece. Essa notícia não é fantástica? E quanto mais amigas, maior a probabilidade de uma mulher sentir que está tendo uma vida alegre... pode me inscrever nesse curso! O pessoal da Harvard descobriu que não ter amigas íntimas é tão ruim para a saúde quanto fumar.

Se você não tem o hábito de tomar sua vitamina G de Encontros com Amigas, pense novamente. Outro estudo de Harvard analisou como as mulheres lidam com o maior de todos os estressores — a perda do marido. A maioria das mulheres que possuía amigas íntimas, choraram a perda do seu companheiro sem

de derrotada a poderosa

eli davidson

que elas próprias adoecessem. Aquelas que não possuíam amigas não tiveram a mesma sorte — a probabilidade de se tornarem gravemente enfermas era de 60%.

Conversa e Chocolate, às Vezes, São o Melhor Remédio

Portanto, minha amiga, você está passando horas maravilhosas com suas amigas, em quantidade suficiente? Provavelmente não. A maioria das mulheres relata que quando está ocupada, ocupada, ocupada, a primeira coisa que corta é o tempo para as amizades. De acordo com um estudo da Universidade de Duke, as americanas têm três vezes menos amigas íntimas do que há vinte anos.

Infelizmente, o número de pessoas que não tem ninguém com quem conversar dobrou para 25%. À medida que se gasta mais e mais tempo com o trabalho, o tempo para as amigas é posto de lado e esquecido.

> **Suas amigas apoiam-na quando você está dura, com o coração partido e com um corte horrível de cabelo**

O que é mais doido é que você está abrindo mão de algo que alimenta a sua saúde física e mental.

Suas amigas são uma benção. Eu sei que as minhas são. Eu e minha melhor amiga Barbara nos apoiamos quando estamos duras, com o coração partido e com cortes de cabelo horríveis. A vida simplesmente fica melhor quando temos amigas. Embora ela tenha se mudado para Austin, no Texas, há quatro longos anos, ainda somos parte fundamental uma da vida da outra. Ela me faz morrer de rir, e seu discernimento e delicadeza me tornam uma pessoa melhor.

Qualquer um se sentiria afortunado por ter uma amiga como Annette. Ela põe tanto amor em tudo que toca que torna o mundo

151

um lugar melhor. Certa vez, quando eu estava doente, ela viajou duas horas de carro para me trazer sopa. Quer dizer, sopa, sopa de montão, de reserva, bolachas, flores, remédios e jarras com água e pedaços de maçã e de laranja para que ficasse mais saborosa. Já a Andra, minha amiga de Kansas, me mantém honesta. Ela é aquela que é capaz de me dar uns tapas na cabeça e me dizer que estou sendo vulgar — ou que o cara que estou namorando é... gay. Eu não consigo nem imaginar o quanto a vida seria sem graça sem essas amigas. Passar algum tempo ou de blábláblá no telefone com qualquer uma delas (bom, telefonar para a Andra, não — porque ligar para ela é como ligar para o Uzbequistão — as chamadas chegam, mas não retornam. Então, visitar a Andra, e quando você precisa dela, não há melhor amiga) torna seja lá o que for, muito melhor.

Se você tem pressa de deixar de se sentir um fracasso ou insatisfeita e dar a volta por cima e se sentir poderosa, pegue uma amiga e converse. Eu não estou descartando a infinita sabedoria interna que cada uma de nós tem. Ninguém pode conhecer você melhor do que você mesma, minha querida Prefeita. No entanto, se você é como a maioria de nós, você tem pontos cegos em certos locais de Vocelândia. Seu GPS deve estar dando uns tapinhas no seu ombro. A Diretoria Mental pode estar obstruindo os trabalhos legislativos para conseguir a sua atenção. O Sindicato das Emoções pode estar agitando bandeiras vermelhas para cima e para baixo. Entretanto, se você estiver olhando para um ponto cego é difícil acessar a sua própria sabedoria. Todo mundo é cego a respeito de algo. Os amigos podem decifrar detalhes de uma situação quando você está tão próxima que só vê um borrão. Como diz uma canção da Dionne Warwick: "É para isso que servem os amigos".

A História de Jean

Jean contou uma história surpreendente sobre o poder de cura do companheirismo. Ela estava a ponto de explodir com o namorado por causa de um "problema". Ele, contudo, era um sujeito maravilhoso, mas a estava deixando maluca de tanto falar sobre a outra — que havia terminado com ele alguns meses antes de se conhecerem. "Brenda, Brenda, Brenda, eu já estava farta de ouvi-lo falar da tal Brenda" — Jean me falou. "Eu queria romance, queria flores, queria... namorar! Se ele não iria me trazer flores, poderia pelo menos me mandar um cartão. Eu não sei por que eu estava tão obcecada com essa ideia de ele me mandar um cartão... mas é como essa minha mente maluca funciona."

As amigas ajudam você a se sentir poderosa mais rapidamente

Duas amigas bateram à porta de Jean para ver se ela queria ir dar uma boa caminhada, exatamente no momento em que ela ia pegar o telefone e discutir com ele. Elas a encorajaram a sair e se desabafar. À medida que extravasava suas queixas, ela sentia seu corpo todo relaxar, e começou a ver o assunto de forma um pouco mais clara. Subir e descer as colinas da vizinhança lamentando-se teve o efeito mágico de diminuir a carga de responsabilidade de seu namorado. Ela percebeu que não precisava resmungar a respeito de algo tão tolo quanto não receber um cartão.

Uma de suas amigas dividiu com ela um pouco de sua sabedoria GPS: "Parece que ele demonstra afeto de outras formas. Talvez ele não seja um cara de mandar cartões. Parece que ele lhe dá atenção exclusiva quando você está com ele. Com certeza isso é bem melhor do que receber um cartão".

Até o fim do passeio, reclamar sobre o fato de não receber um cartão ou flores passou a ser a última coisa a ocupar a mente de Jean.

Se um homem legal não está fazendo algo, deve haver certamente uma boa razão para isso. Naquela noite, seu namorado bateu à porta com as duas mãos escondidas atrás das costas. Ele estava segurando um cartão com os dizeres: "Quando você

153

conhece um anjo" — "provavelmente o cartão mais bonito já escrito", disse-me Jean.

Quando Jean lhe disse o quanto aquele cartão significava para ela, ele se abriu e contou que durante uma de suas brigas com Brenda, ela havia literalmente atirado em seu rosto os cartões que ele havia mandado para ela. Ele balançou a cabeça: "Eu era romântico e costumava mandar flores, mas quando eu as enviava ela nunca as achava bonitas o suficiente ou então dizia que eu as mandava só para que ela fizesse sexo comigo. E assim, acabou com a graça desses gestos". Puxa, Jean ficou muito feliz e satisfeita por ter podido conversar com suas amigas em vez de estragar com tudo.

Vitamine-se: Sua Vez de Ficar Poderosa

Relacionar-se e compartilhar seus problemas com uma amiga é o maná dos céus para nós mulheres. Se você vem sendo muito exigida num dia em que tudo está dando errado e indo por água abaixo, chame uma amiga. Se você ainda conseguir conversar no fim de um dia, chame uma de suas amigas.

O que você precisa: 30 minutos de privacidade com uma amiga. Um cronômetro seria útil.

1. Convide. Pergunte a uma amiga se você pode marcar uma sessão de vitamina G-poderosa. Se você não puder vê-la pessoalmente, converse por telefone. Planejar com antecedência determina uma forte intenção de fazer daquele momento um encontro fora do comum.

2. Zona livre de interrupções. Desligue o celular. Adote outras medidas necessárias para não ser perturbada. O mundo sobreviverá se você tirar meia hora para você e sua amiga. Desfrutem da dádiva de ter a atenção exclusiva uma da outra.

3. Centre-se, peça para o bem de todos e estabeleça a sua intenção. Tornem esse momento especial e sagrado. Iniciem a sessão centrando-se e concentrando-se na respiração. Peçam para que só o que for para o bem de todos os envolvidos manifeste-se durante a sessão. Estabeleçam a intenção de escutarem-se e compartilharem profundamente.

4. 10 + 5 = Fabulosos 15. Compartilhem suas dificuldades por dez minutos. A seguir, ofereçam *feedback* de apoio de cinco minutos. Por mais estranho que possa parecer, é muito útil estabelecer esse tempo de dez minutos e cinco minutos.

5. Deixe o outro falar. Deixe sua amiga dizer o que tem a dizer sem interrompê-la. Nós, garotas, temos tendência de atropelarmos as frases umas das outras. Um período de conversa sem interrupções pode ser uma experiência nova e benéfica.

6. Ouça com o coração. Quando você estiver no papel de ouvinte, estabeleça a intenção de escutar profundamente. Lembre-se: sem interromper. Sua tarefa é dar à sua amiga a dádiva de sua atenção exclusiva. Ouvir profundamente pode ser algo surpreendentemente novo para você.

7. Hora do *feedback* é hora de falar. Durante os cinco minutos de *feedback*, quem contou os seus problemas é quem determina o que deve acontecer. Ela pode pedir palavras de apoio ou estímulo, ou pedir um abraço, ou cinco minutos de silêncio se for disso que ela precise.

8. O que gosto em você. Após ambas terem tido a sua vez de falar e ouvir e receber *feedback*, terminem essa sessão citando três qualidades que vocês apreciam uma na outra.

9. Agradeça a você mesma. Agradeça-se e à sua amiga por fazerem a escolha positiva de dar e receber apoio com atenção integral.

Em momentos de estresse, as mulheres vão à
sala do cafezinho e se reúnem. Já os homens,
sob pressão, enfurnavam-se em seus escritórios e
nunca são vistos.

de derrotada a poderosa

eli davidson

capítulo 11
a dieta de baixa crítica

Ame-se do Jeito Que Você é

Você se olha no espelho e só vê as suas protuberâncias e calombos em vez de sua beleza? Você possui mais livros de dieta do que de culinária? Você se sente culpada depois de comer certos alimentos... e aí come mais ainda desses alimentos porque o seu relacionamento com a comida parece incorrigível? Menina, eu tive de aprender isso do jeito mais difícil — talvez você também. Eu comia tudo o que via pela frente durante a minha adolescência (eu achava que, se ninguém estivesse vendo, as calorias não grudariam em mim). Quando ganhei meu primeiro carro, aí me especializei em comer dentro dele (olha só, eu pensava, se estou me movimentando, as calorias não vão se alojar).

O Conto do Zíper Malvado

Na segunda série do ensino fundamental [antigo primário] eu saltei do tamanho P ao GG. Não me dei conta desse terrível fato a não ser na manhã do *Field Day*, que era o dia em que todas as classes da escola se reuniam para jogar e fazer brincadeiras do tipo: "cabo-de-guerra", "corrida de três pernas" e "corrida de saco". E, ainda por cima, nesse dia, tínhamos que usar shorts na escola.

Antes de o primeiro evento começar, eu dei uma corridinha até o banheiro. Mas o zíper do meu short, bem apertado na minha barriga saliente, não queria abrir. *Argh*! Eu estava usando aquele short de zíper duplo de que eu me orgulhava tanto. De zíper duplo — que legal. Eu comecei a ter palpitações. Eu r-e-e-e-e-ealmente tinha de usar o banheiro. E puxava e puxava com força. Quanto mais eu entrava em pânico, menos o zíper se movia. Por fim, um fluxo morno começou a escorrer pela parte interna da minha coxa. Eu entrei em choque ao ver aquela poça de xixi escorrendo pelo chão e saindo pela porta do banheiro minúsculo.

"Eu acho que vou ter que limpar isso tudo." Naquele exato momento, o faxineiro da escola estava passando por lá e viu o rastro saindo pela porta. Eu já estava roxa de vergonha por ter feito xixi nas calças. Agora mais alguém também sabia. E o sr. Sprooty era um linguarudo — em trinta e cinco minutos a escola inteira saberia. Meu excesso de peso tinha transformado meu querido short de zíper duplo, de item da moda em uma câmara de torturas — e me transformado em objeto de humilhações. Aquele foi o momento exato em que declarei guerra ao meu corpo.

A Armadilha da Gordura

Infelizmente, um número cada vez maior de meninas está caindo na armadilha de enxergar o seu corpo como um inimigo. Recentemente eu levei a linda — e esbelta — menina de onze anos de idade, filha da minha melhor amiga, para jantar.

Ninguém vence no jogo da vergonha

Eu fiquei chocada quando, ao sair do restaurante, ela viu seu reflexo numa janela, segurou os quadris e queixou-se: "*Ugh*, não suporto esses pneuzinhos". O pesquisador J. J. Brumherg descobriu que 53% das meninas americanas com a idade de treze anos estão insatisfeitas com seu corpo, quer estejam acima do peso ou não. Esse número salta para 73% nas garotas de dezessete anos. E um estudo ainda em andamento, patrocinado pelo Instituto Nacional para Estudos do Coração, Pulmões e Sangue, relatou que 40% das crianças pesquisadas entre nove e dez anos, em algum momento de suas vidas tão jovens, já tentaram perder peso.

A Dieta Secreta

Eu era uma dessas meninas. Comecei a fazer dieta na terceira série do ensino fundamental. Quem poderia me culpar? Linda Covell, Pam Müller e Debbie Earsman costumavam se encontrar no playground. Quando queria me juntar a elas, elas me diziam: "No nosso clube só aceitamos pessoas com menos de 35 kg". Lembro-me de ficar chacoalhando minha perna a todo momento durante cada aula da terceira série na esperança de, com esse exercício, diminuir a circunferência da minha cintura ganha no ano anterior. Eu aprendi, com apenas nove anos de idade, a julgar o meu valor pelos números da balança. A enfermeira escolar balançava a cabeça negativamente ao ver que eu havia crescido vários centímetros sem ganhar nenhum peso durante o ano todo. Eu, no entanto, exultava.

Eu continuei minha dieta secreta (eu era muito envergonhada para contar a alguém) e ao chegar na sexta série eu tinha a mesma aparência das outras meninas — externamente. Contudo, a imagem que eu tinha de mim mesma era de uma Menina Gorda. A minha preocupação principal, durante a minha adolescência, era tentar camuflar minhas coxas em cada roupa que eu usava.

> **Você está ficando obcecada com o tamanho do seu traseiro ou da sua pança?**

Confissão de uma colegial envergonhada número um: Eu usava uma cinta por baixo da calça porque me achava muito gorda. Confissão de uma colegial envergonhada número dois: Eu costumava fingir que estava doente para evitar as festas à beira da piscina ou outras atividades que requeressem uso de shorts ou maiô. Confissão de uma colegial envergonhada número três: Meu apelido no time de *hockey* era Motor Butt [algo como Tanajura, aqui no Brasil, no sentido de "cadeiruda", "bunduda"]. Se tivesse tido uma faca para cortar minhas ancas, eu o teria feito com muito prazer.

A Dieta Perfeita...
Para um Passarinho

Embora eu estivesse sempre fazendo dieta, eu nunca achava

que estava comendo alimentos magros o suficiente. Alface, aipo e maçãs eram os únicos alimentos que eu comia sem um pingo de culpa. Já que eu nunca conseguia permanecer muito tempo naquela dieta — elaborada sob medida para um passarinho — eu me empanturrava de frustração.

> **Você avalia o seu dia pelo sucesso que obtém na guerra que trava com a alimentação?**

Na faculdade, meu carro vivia sujo de embalagens reveladoras de pacotes de balas e chocolates que eu comia quando ninguém estava vendo. O dia era considerado bom ou ruim de acordo com o quanto eu havia lidado bem ou mal com a minha guerra com a alimentação. Havia conseguido manter a dieta e comido só frutas e saladas? Ou havia caído na emboscada do inimigo e comido chocolate? Contudo, eu nunca me sentia magra o suficiente. Mesmo quando atingi meu suposto peso ideal de 58 kg, eu ainda me via gorda em vez de magra.

As mulheres das revistas podiam ser magras e felizes e tudo o mais. Por que os meus exercícios na academia e viver comendo diferentes tipos de alface não me traziam os mesmos resultados?

Comparação é um Jogo que Você Nunca Vence

"Eu gostaria de me parecer com a Cindy Crawford", disse Cindy Crawford numa recente entrevista. O que-e-e-ê? Como poderia aquela modelo lindíssima querer se parecer com... ela mesma? Porque é necessário um pequeno batalhão de maquiadores, cabeleireiros, especialistas em vestuário, em iluminação e, é claro, mais escova para fazer a Cindy Crawford parecer a Cindy Crawford. Você acredita que até mesmo a Cindy Crawford tem dias difíceis? Até a Cindy encana com a barriga?

Você já se pegou jogando o jogo do "fazer fila por tamanho para avaliação" — tirando as medidas de seus quadris e coxas para então compará-las com as de outras mulheres? Espero que não, pois é torturante demais.

Se você comparar o seu interior com o exterior de alguma outra pessoa, você sempre vai perder. Além do mais, aquela pessoa cuja beleza exterior você está admirando pode ser completamente infeliz andando lá pela cidade dela, pela Vocelândia dela, e você nunca saberá. Comparar-se se fundamenta no julgamento de que você não é boa o suficiente do jeito que é. E isso a distancia do Bem Maior, que enxerga a essência divina em você e nos outros, que sabe que você é muito mais bonita do que as palavras são capazes de descrever, mesmo quando você não consegue fechar o zíper de suas calças.

Você Tem Fome de Quê?
De Verdade!

Eu achava que só seria amada se as minhas coxas não tocassem uma na outra. É maluquice pura. Onde está escrito que pessoas magras merecem receber mais amor? De fato, a sensualidade e sentir-se sexy é algo totalmente interno. É a confiança que nos torna atraentes. Mas na minha cabecinha doida dos vinte-e-poucos anos, uma boa pessoa era aquela que comia salada e tinha medidas 90-60-90. Eu não era perfeita e a prova disso eram as minhas coxas. O Universo é gentil o bastante a ponto de confirmar suas crenças inconscientes. Eu fui casada com um homem que de bom grado confirmava minha hipótese insana. Ele constantemente me dizia que eu era gorda — e eu usava tamanho 42/M naquela época.

Quanta besteira! Não se deprecie como eu fazia comigo. Aqueles desejos malucos de comer chocolate não eram para preencher a necessidade de alimento. Suas aflições estomacais são guiadas pelas aflições do seu coração. Eu ansiava por bondade e consolo e comer chocolate e montanhas de torrada de canela era o único jeito que eu conhecia para obtê-los. Não obstante, nenhuma quantidade de comida poderia jamais satisfazer aquele meu apetite.

É verdade, aquela fome que você sente, na verdade, pode ser fome de Amor e Atenção. Embora isso vá contra tudo o que a cultura lhe diz, você é a pessoa mais indicada para se dar o amor que tanto anseia. Você é a Prefeita de sua maravilhosa cidade, e ninguém está mais bem equipada para satisfazê-la do jeito que você deseja, do que você mesma.

Um Recado do Conselho de Roupas para Gordas

A pessoa que me falou pela primeira vez sobre esse conceito de amar e aceitar o meu corpo parecia estar falando grego. Ou a língua de Marte. Eu pensei: "Esse cara é louco. Se eu me aceitar do jeito que sou, o diabinho da gula vai fazer a festa. Se eu parar de me preocupar em comer meia bolacha, logo, logo vou estar comendo três dúzias delas em cada refeição. Antes mesmo que eu me dê conta, já serão 300 kg e vão ter de me cortar para me tirar do meu trailer duplo". Eu hein?! Eu que não ia cair nessa propaganda de "aceite-se como você é". Em se tratando de um assunto tão sério como peso, aquilo devia ser uma conspiração. Ele provavelmente devia ser um agente contratado pelo Conselho dos Gordos.

Meu amigo não se intimidou. "Aceitação é a primeira lei do Universo." Eu não tinha a menor ideia do que ele queria dizer. Ele me explicou cuidadosamente que me aceitar, quaisquer que fossem as minhas medidas, acabaria com o autojulgamento que estimulava o meu comer excessivo. Parecia maluquice, mas despertou meu interesse.

Não muito tempo depois, conheci uma mulher que parecia

irradiar saúde. E ela tinha coxas finas, então prestei atenção ao que ela tinha a dizer: "Quando parei de me atacar e comecei a me aceitar do jeito que eu era, as coisas mudaram. Grande parte da necessidade de descontar na comida desapareceu. Permitir-me comer chocolate, às vezes, fez com que eu não o desejasse tanto."

Hummm. Essa coisa de se amar estava começando a fazer sentido. A comida, segundo ela, não precisava ser minha inimiga, nem meu corpo um campo de batalhas. Se eu não ficasse me atacando, meus impulsos para descontar na comida não teriam tanta munição para me atacar.

O Ciclo do Comer em Excesso

A autocensura é uma das coisas que mais engordam no planeta. É o que alimenta o ciclo do comer excessivo. Debra Waterhouse relata que, de acordo com um estudo da Universidade de Stanford, a perda de peso não melhora necessariamente a imagem corporal. Já o inverso, é verdadeiro: a aceitação do corpo — uma Dieta de Baixa Crítica — é o melhor tratamento para a perda de peso. As mulheres que estavam mais tranquilas com seu corpo apresentaram duas vezes mais probabilidade de perder peso do que aquelas que estavam profundamente insatisfeitas com sua aparência. Essa é a razão pela qual censurar-se após comer um pedaço de bolo de chocolate geralmente leva a comer o bolo inteiro.

É assim que funciona:

Passo 1: a Síndrome do Sonho Impossível. Folheando o exemplar mais recente de sua revista favorita, você dá uma bela olhada nos braços da Madonna. Você pensa que os seus braços deveriam ser como os dela, esquecendo-se do exército de instrutores de ginástica, de professores de Pilates e de ioga que ela possui para colocar aqueles tríceps daquele jeito. Esses "deveriam" ser um perigo. Antes que você se dê conta, eles a induzem a fazer comparações com uma foto de revista e invariavelmente sair perdendo. Daí você se impõe uma Tarefa Completamente Impossível: "Eu vou ficar como a Madonna, a qualquer custo. De hoje em diante não como mais sobremesa".

Isso leva ao Passo 2: a Síndrome do Tudo, Tudo, Tudo, Errado. Quando você cria uma expectativa irrealista para si própria, está fadada a fracassar. Se você for humana, em algum momento você provavelmente vai comer um pedaço de bolo. Com certeza, em algum momento você vai se render àquela fatia de torta de musse de chocolate com avelãs sorrindo para você lá na bandeja de doces.

Quebrar a promessa que você fez para si mesma a leva ao Passo 3: a Síndrome do Sermão: "Você é uma gorda preguiçosa. Comeu bolo novamente. Que perdedora repulsiva".

Para diminuir a dor de açoitar-se emocionalmente, você vai para o Passo 4: a Síndrome do Puxa, Estraguei Tudo. "Por que me aborrecer, já furei a minha dieta mesmo. Acho que vou comer a bandeja inteira de sobremesas." Depois, ao ver os destroços na bandeja cheia de migalhas, você fica tão desgostosa que afirma que nunca mais vai comer um pedacinho de sobremesa de novo; você volta para os braços da Madonna — e o ciclo recomeça.

Band-Aid Servido num Prato

O alimento pode ser um regulador das emoções. É por esse motivo que sempre nos voltamos a alimentos que nos consolam quando estamos aborrecidos. Se ficar zangada ou triste não era algo muito aceito na família em que você foi criada, comer uma segunda porção de batatas pode ser a sua escolha até hoje. Parece mais fácil do que reconhecer a dor que está presente. Enquanto o seu estômago está ocupado digerindo o alimento, ele não sente a crueza das emoções.

Por estranho que pareça, às vezes também comemos para evitar sentir prazer intenso ou alegria. Uma cliente entrou numa compulsão para comer doces, um dia após ter conseguido o maior contrato de sua carreira. Outra, começou a comer montes de doces e dobrar a quantidade de bebida quando conheceu seu futuro marido. Gay e Katie Hendricks chamam a isso de Fenômeno dos Limites Superiores. Certamente parece loucura, mas nós temos um termostato para a felicidade e o sucesso, e podemos nos sentir tão desconfortáveis no extremo superior da escala de felicidade quanto nos sentimos na extremidade inferior.

Doçura Muito Além do Açúcar

Até mesmo se você estiver fazendo algo de que gosta muito, e se esquecer das pequenas demonstrações de amor que precisa dar a si mesma diariamente, as outras partes de Vocelândia tentarão preencher essa falta indo em busca do açúcar. Embora os amigos tivessem dito a Cathy que sua escolha de se tornar ministra da sua congregação era totalmente ilógica, ela resolveu seguir o seu coração e começou a estudar para tanto. Ela acrescentou seus estudos de teologia às suas longas horas de trabalho em uma empresa. Ela adorava os estudos, mas percebeu que estava comendo chocolate demais. Eu perguntei a Cathy: "Você está sendo doce o suficiente consigo mesma?".

Você é a doçura que tanto deseja

Na busca desenfreada por realizar seu sonho, ela havia se esquecido de dar a si mesma a bondade e a compaixão que pretendia um dia compartilhar com sua congregação. Desejar algo doce era um sinal de que ela precisava dar a si a doçura de sua própria atenção. Ela não gastou muito tempo para descobrir o que fazer. Uma maneira era fazer pequenos intervalos durante o dia. Ela os chamou de "Hora do Açúcar". Para sua surpresa, assim que começou a dar a si mesma o bem-estar de sua própria atenção, passou a não necessitar tanto do açúcar externo.

Uma Dieta com a Qual Você Possa Conviver

Nutricionistas estão concluindo que cultivar uma atitude de gratidão ao seu corpo realmente ajuda a assimilar melhor o alimento e a ter menos desejos. Elaine Finesilver, uma nutricionista famosa de Aspen, no Colorado, e de Beverly Hills, na Califórnia, pede a seus clientes que gastem algum tempo diariamente agradecendo a seus corpos e admirando-os pelo trabalho maravilhoso que realizam.

Estou eu, por acaso, dizendo que a aceitação amorosa e sua prima, a gentileza, podem realmente melhorar a sua saúde? Sem dúvida. Acredite ou não, decidir amar o seu corpo do jeito que ele é, nesse momento, com protuberâncias, calombos e todo o resto, é um passo crucial para romper o ciclo de briga com o seu peso. Acredite em quem entende disso.

Se você tem um padrão de se alimentar em excesso ou de depreciar aquele corpo maravilhoso que você está habitando, a Dieta de Baixa Crítica (DBC) pode ser a dieta certa para você. É duro comer tantos vegetais de folhas verdes. Assim como também é difícil dar a si mesma bondade demais. Que tal se você parasse de comparar o seu corpo com as formas de outra pessoa? Que tal se você penetrasse em todos os guarda-comidas internos de sua mente e se livrasse das porcarias alimentícias sob a forma de críticas que ali estão? A Dieta de Baixa Crítica (DBC) poderá ser a última dieta de que você precisará na vida.

Aqui vai o plano da dieta:

Passo 1: seja realista. Pare de buscar lá no horizonte a mais recente dieta da moda. Pare de se comparar a cada silhueta feminina que a mídia lhe apresenta. Como Prefeita de Vocelândia, sua primeiríssima responsabilidade é com a saúde e bem-estar de sua cidade. Aprove uma lei proibindo a ideia de passar do manequim 48 ao manequim 36. Dê um tempo a si própria e permita-se ser admirada pelo que você é. *Tá* certo, você não é nenhuma supermodelo. Aceite-se como é e veja o seu ânimo melhorar. Assim que acabar com a guerra contra o seu corpo, você vai se tornar mais aberta a ouvir a sua sabedoria interna.

Seja realista também quanto ao que você pode realmente fazer, ou seja, faça-o em passos administráveis. Que pequena ação você pode realizar para se tornar mais saudável? Talvez hoje você possa comer um chocolate a menos e caminhar quinze minutos. Talvez você beba um grande gole de água em vez de Coca-Cola. Tente desligar a TV enquanto está jantando — prestar atenção ao que come ajuda a se sentir mais satisfeita. Anotar o que você come é outra maneira de se manter consciente do que está entrando pela sua boca. Outra estratégia poderosa é comer apenas enquanto estiver sentada, e se você quiser ser realmente inteligente, coma apenas enquanto estiver comendo. Quando você fica consciente a respeito do que está realmente comendo, você se sacia mais rapidamente e não necessita comer tanto.

Passo 2: fique satisfeita, satisfeita, satisfeita. Estabelecer uma meta inatingível (digamos, perder 35 kg antes daquela convenção anual que vai ser no próximo mês) baseada em coisas que você não pode fazer (por exemplo, nunca, jamais comer açúcar) é um convite a se sentir esfomeada. Como já lhe disse antes, aquilo em que você põe a sua atenção, cresce. Quando você se concentra em não comer doces, o que você mais deseja? Bolachas e bolo de chocolate.

Na DBC, você zera naquilo que lhe satisfaz. Preste atenção no que você faz bem e comemore. Concentre-se no que é bom nos outros também — essa é a melhor sobremesa! Consideração é uma das coisas mais gratificantes do mundo.

Passo 3: seja gentil. No ciclo do comer em excesso você se repreendia por suas escorregadelas e falhas. Na DBC você encontra maneiras de se estimar e ser paciente consigo mesma. É fácil ficar frustrada quando se está mudando um hábito. É necessário um pouco de esforço no início. Mas não importa. Seja gentil consigo própria. Comece a escutar o seu diálogo interno. Se você for como eu e tiver dado ouvidos durante anos àquela autoconversa cheia de insultos, corte essas vozes logo de cara. Anule-as com declarações do tipo "sou paciente e gentil comigo enquanto cresço e aprendo", "Amo você do jeito que você é". "Eu me adoro, não importa o que eu pense, diga ou faça". É assim que as afirmações funcionam. Nunca é uma hora ruim para um passo da Dieta de Baixa Crítica, a você ou a alguma outra pessoa.

Passo 4: seja grata. O modelo antigo acabou em desesperança e derrota. Cite suas vitórias. Encontre três coisas a seu respeito nesse exato momento para comemorar. Mesmo que seja tão simples quanto ter penteado os cabelos pela manhã. Seja grata por ter cabelo e deixe esse elogio alastrar-se por todo o seu corpo. Reserve alguns minutos para infundir gratidão ao seu corpo. Um ótimo lugar para fazer isso é no chuveiro. Não há nada de negativo em ser grata.

Reduzir a Crítica Reduz o Peso

Essa é a dieta. Elimine a autocrítica, mas nem tente parar de ser inteiramente crítica. Esse é outro sonho impossível. Apenas tente cortar pela metade. Substitua-a por mais autoconsideração. Ao começar a observar a autoconversa crítica, você pode ficar chocada ao perceber como tem sido negativa a seu respeito — e também ficar satisfeita ao notar como você passou a se sentir bem quando começou a se elogiar.

> **Diminua o seu autotormento e veja a sua compulsão alimentar desaparecer**

Dê pequenos passos: sente-se ao comer e preste atenção no que você está mastigando. Reserve um momento para agradecer ao alimento que está diante de você. Dê a si mesma pequenas porções diárias do amor que a comida simboliza, agradecendo ao seu corpo. Pare de se censurar. Dessa maneira você estará se dando o carinho e a aceitação que você realmente, de fato, profundamente deseja.

E funciona. Eu compartilhei a Dieta de Baixa Crítica com uma cliente de *coaching*. Ela perdeu 4,5 kg que não havia conseguido perder em três anos de dietas e exercícios. Seus colegas de trabalho, seu marido e até a enfermeira do consultório de seu médico ficaram surpresos com sua perda rápida e fácil.

Como decifrar o que é e o que não é autocrítica? Um truque é ter em mente a seguinte questão: "Eu falaria dessa forma com um bebê?".

A sua Aliança das Partes do Corpo é uma amiga fantástica, não importa a sua forma ou o seu manequim. Além do mais, esse é o corpo que você tem, portanto, por que não amá-lo? Se toda essa coisa sentimental de amar a si mesma é algo novo vá aos poucos. O dr. Paul Rivas, um especialista em dietas, sugere um esquema de 80/20. Se você comer de forma inteligente 80% do tempo e se der liberdade em 20% do tempo, provavelmente você ficará muito mais saudável. Coma a torta. Saboreie. Aprecie. E acrescente um bocado de autoaceitação amorosa.

Presenteie-se com a DBC

A maioria das mulheres se olha no espelho e critica algo. Agora que você é a Prefeita, você pode escolher mudar isso. Você pode ir a um bairro decaído de Vocelândia e mudar as coisas. Isso mesmo, é hora de começar a gostar da parte do corpo que você menos aprecia.

Na próxima vez que você estiver diante do espelho, aproxime-se bem, olhe bem dentro dos seus olhos e declare: "Eu gosto de você do jeito que você é". Ou murmure uma estrofe de uma melosa canção de amor dos anos 70. Se você não se amar, não espere que alguém cumpra essa tarefa por você. Além do mais, a verdade é que você é realmente maravilhosa por dentro e por fora.

O que você vai precisar: alguns minutos extras durante a rotina da manhã e o seu creme hidratante.

1. Centre-se. Faça três respirações profundas. Nas inalações, inspire o amor por você, do jeito que você é. Nas expirações, deixe sair o "acha-críticas". Ahhh!

2. Peça para o bem de todos. Como Prefeita, aguarde um momento, assuma o seu posto e peça por sua autoaceitação para o bem de todos.

3. Determine a sua intenção. Estabeleça a sua intenção de ser amiga de seu corpo.

4. Escolha uma parte. Enquanto se ensaboa no chuveiro, note uma parte de Vocelândia que tenha sido desprezada por muito tempo. Dê-lhe atenção carinhosa. A parte do corpo que você menos gosta é a que mais precisa de amor.

5. Ou o seu corpo todo. Se você diz que odeia seu corpo, então esbanje seu amor e carinho pelo seu físico todo, cada parte.

6. Fale consigo mesma. Diga ao seu corpo ou àquela parte que você agradece tudo o que ela faz por você. Ei, você está no chuveiro, quem vai ouvir?

7. Agradeça às suas curvas. Após o banho, quando

estiver passando sua loção corporal, ame cada protuberância e calombo. Sinta a bondade do seu coração chegar às suas mãos enquanto você aplica carinho a cada parte do corpo que você tem considerado feia.

8. Por que parar? Reserve o dia para tratar com carinho dessa parte do seu corpo ou do corpo todo. O dia todo. Observe se a sua crítica diminui enquanto você está fazendo isso.

9. Espelho, espelho meu. Cada vez que você se olhar no espelho ao longo do dia, note as suas características mais positivas (todos nós as temos) e faça um elogio.

10. Mais Dieta de Baixa Crítica. Seja criativa e divirta-se encontrando maneiras de diminuir suas críticas e aumentar a sua DBC.

11. Agradeça a você mesma. Agradeça-se por fazer a escolha fantástica de se amar inteiramente.

capítulo 12

descongelando as ideias pré-fabricadas

Por que se Guiar Pelos "Deveria"?
Você Merece uma Vida
que lhe Dê Prazer

Você se sente como se fosse uma escrava da rotina? Se você pudesse dar uma mordida e provar uma fatia do seu dia, ele seria insípido? Se você está se perguntando quem tirou o tempero excitante de sua vida, os prováveis culpados são aqueles que eu chamo de "Deveria" — suas expectativas e suposições inconscientes. Os "Deveria" liquidam com os nutrientes do momento presente. Eles levam embora o jantar da sua existência, aquele, saboroso, fresquinho, preparado há pouco, e no lugar lhe oferecem um prato congelado para comer diante da TV. Por que desperdiçar as calorias da sua vida com os "Deveria" quando você pode consumi-las com algo fantástico?

Nossa sociedade nos oferece uma enxurrada de menus-padrão para a felicidade. Todo dia você vê imagens de pessoas que deixam de ser fracassadas e se tornam poderosas só porque trocaram de desodorante. Todo dia você vê uma família deixar a tristeza de lado e ficar feliz ao comer uma pizza. A função dessas imagens é criar um monte de "Deveria" dentro de você. Você deveria fazer... ser... ter... mais. Mesmo quando esses anúncios não a inspiram a sair correndo para comprar uma redonda-tamanho-gigante de massa e queijo, ainda assim você compra o Sonho Capitalista: felicidade é igual a ter coisas.

> **Você nunca vai se satisfazer com o que não deseja verdadeiramente**

Tenho que discordar. Você nunca vai se satisfazer com o que não deseja verdadeiramente.

Sem dúvida, é fácil levar o seu carrinho de compras pelos

175

corredores do supermercado da vida e ir enchendo com pacotes prontos de ambições: uma casa grande, carrão último tipo, traseiro não tão grande. É fácil passar pela seção de congelados e pegar pacotes de padrões culturais. "Todo mundo quer essa coisa, então deve ser boa", você resmunga enquanto enfia essas caixas geladas de expectativas pré-fabricadas dentro do freezer da sua mente. Claro, você sabe muito bem qual vai ser o gosto daquela torta de frango congelada — que é o mesmo toda vez que você come. Sua massa crocante com cenouras empapadas são confortantes e conhecidas. E sem graça. Você merece mais!

Acordar numa McMansão com uma jacuzzi e uma suíte máster é tão atraente quanto ovos mexidos amanhecidos, que seja, vá em frente. A escolha é sua. Você pode possuir uma casa grande, ou não. Talvez seu sonho seja morar numa floresta tropical e ajudar as populações indígenas a preservar sua terra.

O falso nunca é maravilhoso

Nunca ignore a ousadia vibrante e excêntrica de Vocelândia. O falso nunca é maravilhoso. A sociedade lhe oferece objetivos prontos, e um sucesso determinado por outra pessoa nunca é tão doce quanto aquele genuinamente feito sob medida por e para você.

A História de Jan

Os "Deveria" podem até afetar a sua saúde. Jan era solteira, com quase trinta anos e no alto da sua lista de Deveria, estava o Grande Deveria: casar-se. Era um assunto tão delicado que nenhum membro da família podia comentar. Entretanto, encontrar um marido se transformou numa missão que Jan lidava como se fosse um projeto de pesquisa para um MBA. Ela mantinha uma agenda detalhada de todos os candidatos "namoráveis" da internet. E até mesmo os colocava em categorias de cores diferentes.

Quando Jan leu o perfil de Carl, achou que ele preenchia todos os requisitos de sua lista. Ele era bem-sucedido e espiritualizado (embora não fosse particularmente atraente). Para sua grande surpresa, ele era também favorável à ideia de ter filhos. Ela lhe deu bônus extras porque ele a fazia rir. Cada item de sua lista "Case com esse Homem" foi checada e então ela ficou noiva.

Contudo, com a data do casamento se aproximando, ela teve de encarar um fato óbvio: a falta de paixão entre eles. Onde estava a química? (ela havia se esquecido de incluir atração sexual em sua lista). Ela tentou se iludir, repassando o inventário de suas qualidades positivas repetidamente em sua cabeça. Talvez o amor entre eles crescesse. Não cresceu. Talvez se eles fizessem terapia de casal conseguissem se aproximar mais. Não conseguiram.

Jan estava ficando doente com frequência. Sentia-se tão mal que resolveu ir a um médico holista, que lhe disse que seu sistema adrenal estava muito afetado. Na verdade, Jan estava tão exausta que os suplementos que o médico lhe havia prescrito para o problema, e que teriam sido suficientes para estimular um exército, ajudaram muito pouco. Jan não estava ouvindo a Janlândia, por isso sua cidade estava cortando o suprimento de energia a fim de conseguir chamar sua atenção. Certo dia, o médico a surpreendeu com a seguinte pergunta: "Você está num relacionamento que não está dando certo?". Ele a avisou de que sua vitalidade não retornaria até ela começar a fazer algo que a agradasse em vez de fazer o que ela achava que deveria fazer.

Demorou algumas semanas até Jan criar coragem e romper o noivado com Carl. Para seu total espanto depois de duas semanas de rompimento, seu corpo estava tão cheio de energia que o médico retirou os medicamentos. Ela ainda não se casou, mas está contente e saudável. A última notícia que tive dela é que estava fora, dando uma escapadinha com uma amiga e saboreando a vida num SPA.

O Medidor de "Deveria"

Quando você ouve um "você deveria" em sua cabeça, você

se sente uma porcaria ou fantástica? Foi o que eu pensei. Vamos colocar uma placa luminosa em cima da palavra "Deveria". Agora, imagine uma superbuzina disparando cada vez que a palavra "Deveria" sai de sua boca. É o medidor de "Deveria" — um sistema de aviso que anuncia: "A Prefeita deixou o prédio". Mas como você é a chefona, você é quem decide sobre os seus padrões internos. Mas lembre-se de que o "Deveria" responde às demandas da sociedade (seja lá o que for isso) e ao Comitê de Críticas Internas, não à Prefeita.

Os "Deveria" parecem surgir quando você está fazendo algo mais por obrigação do que por inspiração (como ter de ir ao encontro dos colegas de classe do ensino médio). Ou quando você está nervosa, ou quando está se forçando a fazer algo que não está a fim de fazer. Ou quando alguém está lhe pressionando para seguir um padrão artificial para fazer o que todo mundo está fazendo, quando, na verdade, você não quer (como a sua mãe a pressionando para ir ao encontro da turma do ensino médio).

> **O seu Medidor de "Deveria" está lhe dizendo:**
> **a Prefeita saiu do prédio?**

Os "Deveria" não são iguais aos "tem quê". Pagar impostos, por exemplo, não é um "deveria". É inegociável, é um fato da vida. Você precisa comer, dormir e pagar impostos — a menos que queira passar o resto da vida se escondendo da Receita Federal. Mas por acaso, você deseja se enfiar nos confins da... selva amazônica e nunca mais tomar um café expresso cremoso? Nunca mais? Se você não cumprir um desses fatos, você sofrerá sérias consequências. Os "Deveria" não carregam essa mesma etiqueta de preço tão pesada — mas você acha que sim.

Se algo for negociável, então você tem escolha. A vida é sua. Por que não escolher torná-la fantástica?

O Que Tem no Freezer?

Então, como você desliga o medidor de "Deveria" e cala a minha boca? Uma forma é observar os "deveria" que você nunca examinou. Há coisas que você fez sem realmente tê-las escolhido? Talvez o seu trabalho seja algo que a sua família e seus amigos esperam que você faça. Talvez você adore cores fortes, berrantes, mas seu armário está repleto de variados tons de bege para você se ajustar aos padrões. Talvez você more na mesma cidade em que nasceu porque nenhuma de suas amigas se mudou de lá. Por que não escarafunchar a sua geladeira mental e ver que tipos de pressupostos estão lá dentro? Ideias pré-fabricadas sobre dinheiro e relacionamentos são as mercadorias mais comuns para a maioria das pessoas.

Aqui vão algumas das crenças inconscientes que eu descobri lá no fundo da minha geladeira interna: "Você deveria ser casada (ou pelo menos ter um namorado)"; "Você deveria ser legal (ou pelo menos parecer legal)"; "Você não deveria ficar brava (ou pelo menos não deixar que as pessoas percebessem)"; "Você deveria ser mais magra do que é (ou pelo menos fazer dieta)"; "Você deveria ter economizado mais dinheiro (ou pelo menos ter um monte de coisas para mostrar onde o gastou)".

Por que não descongelar suas escolhas?

E aí, o que há no seu congelador? Abrir a porta do freezer é o primeiro passo para descobrir. O ar quente que entra — a sua atenção — rompe o ambiente congelado e inicia o degelo. O simples ato de tomar consciência já é suficiente para iniciar o descongelamento da confusão congelada que vem sendo enfiada no seu inconsciente.

Você sabe o que é encontrar sacos gelados de comida congelada emplastrados no fundo de sua Brastemp. É como se o gelo tomasse conta e as coisas ficassem grudadas umas nas

179

outras. A mesma coisa acontece com a sua mente. Separar os pressupostos é difícil, principalmente se você não tem examinado o que existe lá há certo tempo. Seja paciente. O gelo é apenas água que não derreteu.

Puxe uma expectativa interna por vez e dê uma boa olhada. Pergunte-se: "Isso é bom pra mim?". É um conceito que faz você se sentir mais expansiva e inspirada, ou é velho e queimado pelo gelo, e seu sabor desapareceu? Igualzinho aquele saco de ervilhas congeladas, você pode mantê-los ou jogar fora. Uma vez que tenha se tornado consciente de uma expectativa pré-fabricada que não se coaduna com o que é bom para você, jogue-a fora. Mas como? Dê um pequeno passo. Qualquer movimento em direção ao positivo serve. Uma mudança mínima (fazer uma caminhada, mudar de sapatos, matricular-se num curso semanal de desenho) tem um grande impacto. Por quê? Em vez de seguir os ditames de uma expectativa imposta, você está conscientemente fazendo algo fortalecedor. À medida que faz mais escolhas que a respeitem, a energia cresce. O novo torna-se parte do seu comportamento. É assim que uma escolha aparentemente insignificante tem um enorme impacto em larga escala sobre as coisas, como a sua qualidade de vida.

Ashley era uma jovem aflita, casada, mãe de dois meninos levados de dois e quatro anos. "Uma boa mãe não deixa os filhos. Além do mais, ter tempo para si é egoísmo" — era um dos "Deveria" dela. No entanto, após perder a calma pela milionésima vez, ela teve de admitir que precisava de um tempo. Ashley se empurrou até uma aula de salsa. Ela se sentiu culpada por deixar os meninos, e não gostou da aula...

Nada disso, tente outra vez. Ela adorou a aula! Não apenas isso, no dia seguinte ela sentiu mais ânimo e paciência. Dançar salsa ajudou-a a sacudir a poeira. Ela se permitiu ser mais provocante na cama. Conseguiu ser mais criativa e se divertir mais com os filhos. Dezoito meses mais tarde, ela estava dando aulas para uma classe de principiantes na mesma escola em que começou a dançar. Se você perguntar aos filhos de Ashley, eles vão lhe dizer que ela, agora, é uma mãe melhor. Um pequeno passo sincopado mudou sua vida.

Mude Letras, Mude a Atitude

Quer uma maneira rápida de descongelar seus conceitos e crenças não investigados? Mude os "Deveria" para "poderia". Essa simples mudança de letras lhe devolve o poder de escolher ser poderosa. "Deveria" implicitamente supõe que você é uma derrotada — e se você analisasse você já teria eliminado os "Deveria" de sua Lista de Coisas a Fazer. "Poderia" sugere que você pode fazer algo se você quiser, mas você sabe que não tem de fazê-lo. E qualquer que seja a escolha, você continua sendo supermaravilhosa. É você quem decide. E, como você é mulher, até a hora do almoço, você já vai ter mudado de ideia umas dezesseis vezes mais ou menos.

Sinto-me bem mais confiante sabendo que posso fazer um pequeno transplante nas letras dos meus tão fortes "Deveria". Olha só, eu poderia ser casada — ou não! Oba! Eu poderia ser mais magra — ou não! Caramba, eu poderia ter mais dinheiro na poupança — ou não! Tente você com alguns daqueles "Deveria" escondidos no seu freezer. Vai lhe fazer bem.

Passe-me as Delícias, Por Favor

Outra maneira de reanimá-la é proporcionar a si mesma o que lhe agrada muito, profundamente — um mimo. Cruzar a cidade de carro é bom? Isso é um agrado. Não precisa fazer sentido para mais ninguém a não ser a você e ao povo de Vocelândia. Por que não comer aquele prato delicioso que a agrada internamente? Lembra-se da Meg Ryan no filme Harry & Sally — Feitos um Para o Outro "agitando a mesa" na cena da delicatessen? É isso aí, garota, sirva-se da sua própria versão do que quer que seja que ela estava comendo e veja como a vida se torna mais gostosa.

Quais são suas delícias à mesa?

Por falar em cruzar a cidade de carro, foi muito revelador poder passar algum tempo num lugar onde levam os prazeres a sério: na Itália (minha irmã e sua família moram lá). Os italianos têm tanto a ensinar ao resto do mundo sobre a *Dolce Vita* de Prazeres. Um romano não se importa de dirigir duas horas para ir tomar uma xícara de café em Nápoles. Pergunte a dez moradores da Cidade Eterna e todos concordarão. É verdade, os romanos zombam dos napolitanos. Eles fazem piadas sobre Nápoles o tempo todo. Mas eles sabem que o café de Nápoles é o melhor do mundo (é algo que tem que ver com a água de lá — imagine só) e uma xícara de um café delicioso vale a viagem.

Qual é a sua *Dolce Vita*?

Mesmo que você não possa ir a Nápoles para uma xícara de café, você pode adicionar prazeres ao seu dia.

Você pode não saber o que quer fazer com a sua vida, mas certamente sabe o que gostaria de vestir ou almoçar. Um prazer não está sedento por esteroides anabolizantes. Ele pode ser simplesmente aquele pequeno mimo que tem o poder de iluminar uma manhã inteira, às vezes, um dia inteiro. Não é algo de que você se arrepende mais tarde. Geralmente é algo sensorial, embora não tenha obrigatoriamente que ser. Agrados existem no momento presente, portanto, mudam frequentemente. Aquela xícara de chocolate quente com chantilly que fez você suspirar ontem pode ser que não tenha a menor graça hoje. Você precisa prestar atenção ao que agradaria Vocelândia neste momento.

Voltemos aos italianos. Como eles planejam os seus fins de semana? Consultam a internet? De jeito nenhum. Lêem no jornal a seção "Divirta-se"? Claro que não. Numa manhã de sábado, um italiano bota a cabeça para fora da janela para ver em que direção o vento está soprando. Vai ser um dia ensolarado, agradável, bom para ir à praia ou é melhor dar um passeio nas montanhas? A direção do vento vai lhe dizer. Os italianos vão em busca do melhor café e do melhor dia possível.

Seu Medidor de Prazeres

Pode não parecer grande coisa, mas dar um passeio pela vizinhança ocupa uma classificação importante na minha lista de agrados. Eu vivi em alguns lugares bem ruins. Durante o período em que batalhava como atriz, morei no Harlem (Nova York) em um edifício bem decadente. Havia traficantes na esquina e um boteco do outro lado da rua que vendia donuts e cocaína. Hoje eu moro numa rua arborizada a um quarteirão de uma quadra de golfe. Não há ninguém mais agradecido por morar naquele endereço. Se eu pudesse, beijaria cada rosa, cada lírio e magnólia que encontro no meu passeio matinal.

Se você for uma mulher que trabalha muitas horas e gosta de fazer umas comprinhas como terapia, o Jogo da Shopportunidade pode ser o que você precisa. Todo mês você separa cinquenta reais só para os agrados. Minhas clientes já compraram estolas de pele, varinhas mágicas, um abajur diferente de cachorrinho, uma coleção de presilhas e o maior coelhinho de pelúcia de R$ 19,99 da face da Terra. Um aspecto comum desses tesouros da Shopportunidade é que eles são cheios de cor. Não vi uma só cliente que tenha voltado para casa com algo bege, marrom ou preto.

O Bege Não é Nem um Pouco Poderoso

Cor é força, é energia. A próxima vez que estiver dirigindo, observe quantos *fast foods* têm a cor vermelha em seus logos. Por que o vermelho? Está provado que é uma cor que estimula a fome. Grandes quantidades de pesquisas e dinheiro foram gastas para determinar a exata tonalidade usada nas embalagens da maioria dos produtos.

Tome o elevador da cor e suba para um humor melhor

Por que o mundo dos negócios dá tanta atenção à cor? Por que isso funciona. A cor comunica em diferentes níveis sem ter o peso das palavras e é um dos nossos sistemas mais rápidos de sinalização. Por exemplo, uma mosca preta voando e zumbindo em sua cozinha é simplesmente uma amolação. Coloque listras pretas e amarelas na mesma forma básica e sua reação será bem diferente. O verde da grama é ótimo. Mas algo verde crescendo no seu pão de hambúrguer é repugnante.

Você provavelmente está acostumada a certas cores. Por que não escolher as nuances que a fazem sentir-se mais atraente e usá-las? Vestir roupas é uma forma infalível de adicionar vigor no começo do dia. Pense sobre "como usar a moda para viver melhor". Quando se vestir pela manhã coloque pelo menos uma coisa que a faça sorrir — sapatos alegres, um sutiã moderno, meias patéticas, qualquer coisa que a deixe alegre. Às vezes para encontrar a sua beleza interior você tem que começar pelo lado de fora.

Sapatos Alegres, Garota Alegre

Como você sabe, eu sou assumidamente fanática por sapatos. Quando viajo sempre dou uma escapadinha para comprar algum sapato, para fazer um intervalo para agrados. Ah, garota, quando eu vi aquelas botas de camurça cor de alfazema tipo Bond-Girl, elas me disseram: hora do agrado! Claro, eu deveria ter comprado também em marrom... mas que importa? Toda vez que eu visto minhas botas cor de alfazema, eu ando com mais ousadia. Quando fui a uma reunião com os manda-chuvas de uma empresa de mídia, meu conjunto todo ficou de bom gosto. Blazer caramelo, calça creme, um broche da moda. Eu não pude evitar. Eu simplesmente tinha que usar minhas botas cor de alfazema de arrasar. Claro, elas faziam parte daqueles itens da moda tipo NÃO USAR, mas era também um item da Lista Fazer para Ficar Feliz. Eu conheci quase vinte pessoas, da diretoria aos assistentes de produção e, sem exceção, todas me disseram: "Uau, que botas legais!". Esse, minha querida, é o poder de um agrado.

Então, quais são os seus agrados? Faça pelo menos um por dia e me ligue pela manhã se você realmente não se sentir melhor.

A História de Cassie

Cassie era uma garota de números. Ela media seu sucesso pelas estatísticas de seu blog e venda de seus produtos, e para atingir esses números ela trabalhava um número insano de horas. Ter um fim de semana, férias ou um *hobby* era algo tão estranho quanto falar alô em um dialeto árabe. No entanto, sua conta corrente não estava crescendo tão rapidamente e ela estava à beira de um colapso.

Sugeri que começasse com o Programa 2x2x4 de *coaching* (o dobro de dinheiro com a metade do trabalho e quatro vezes mais diversão). Ela zombou da ideia de ganhar mais com menos trabalho. Mas como estava desesperada, resolveu fazer uma tentativa. Quando eu lhe pedi para pensar em algo que ela gostava de fazer (a parte das quatro vezes mais diversão), como acontece com a maioria das pessoas, uma palavra quase saltou de sua boca. Para Cassie, essa palavra foi "fazer acolchoados".

Quando Cassie começou a trabalhar em casa, ela alinhavou com esmero a peça de seda cáqui, guardada e esquecida embaixo de sua cama, por seis anos, desde que seu trabalho açambarcou a sua casa e a sua vida. Cassie havia se proposto a trabalhar com afinco até os sessenta e cinco anos e então retomar sua costura quando se aposentasse.

O meu Medidor de "Deveria" disparou. Qual "Deveria" não analisado estava congelando os músculos da diversão de Cassie? Uma espiada no freezer revelou a crença de que ela deveria trabalhar duro para prosperar. Ela duvidava que fazer sua colcha poderia ajudá-la naquele Plano 2x2x4, mas ela pegou aquela linda colcha assim mesmo, mais a agulha e a linha. Após alguns dias ela se sentia entusiasmada. Ela parava de trabalhar às dezenove horas para poder pegar sua costura. Após um mês ela decidiu colocar uma colcha em uma feira estadual.

Proporcionar a si mesma tempo para a diversão levou-a a outras descobertas. Ela percebeu que era loucura gastar seus talentos de 200 dólares a hora embalando caixas, portanto, contratou uma empresa especializada. Aparentemente do nada, contratos bem maiores começaram a aparecer — ela estava a caminho de dobrar sua renda. Nesse ponto, curiosa com a possibilidade de ganhar mais, trabalhando menos, Cassie descobriu os milagres dos programas de afiliação pela internet, que pagam comissões por recomendarem os serviços de determinada empresa. De qualquer forma, ela já vinha recomendando pessoas, portanto, isso não era um trabalho extra, e a renda era substancial. Foi o dinheiro mais fácil de sua vida, ela disse.

Um dia ela me mandou um e-mail dizendo que acabara de receber um cheque de 7.000 dólares pelo programa de afiliação. Sua renda era duas vezes maior que o valor de seis meses antes, pelo segundo mês consecutivo. Fazer um pouquinho do que a satisfazia havia gerado a transformação. Ao substituir a crença de que ela deveria preencher cada momento com trabalho, utilizando o Plano 2x2x4, ela abriu novos modos de pensar e novas perspectivas de renda e apoio. Isso pode acontecer com você também.

Mude Letras,
Mude a Sua Vida

É muito simples:

1. Quando você se pegar dizendo ou pensando que você "Deveria" ("eu deveria comer menos porcarias"),

2. Substitua por eu "Poderia" ("Eu poderia comer menos porcarias — ou não"). Lembre-se, você é a Prefeita de Vocelândia. Você dá as ordens! Deixe isso calar fundo no seu espírito.

3. Agradeça a você mesma por lhe dar a liberdade de sentir-se bem do jeito que você é.

Jogo:
Faça um Agrado

Por mais estranho que pareça, os clientes costumam ter mais dificuldades em se dar agrados do que em acrescentar mais projetos à sua lista de "Coisas Para Fazer". Não deixe a sua sessão de agrados simplesmente se transformar em trabalho entregue numa embalagem com uma cor diferente.

1. Centre-se. Inspire profundamente e algumas vezes, trazendo vibração. Expire profundamente três vezes o "bolor". Sinta-se centrada em sua autenticidade.

2. Peça para o bem de todos. Como Prefeita, aguarde um momento, assuma seu posto, e faça uma escolha estimulante para o bem de todos os envolvidos.

3. Estabeleça a sua intenção. Estabeleça a sua intenção de descobrir o que lhe dá prazer.

4. Abra a janela. Ponha uma mão em seu coração. Feche os olhos. Convide-se a libertar-se das noções pré-concebidas e a ficar curiosa a respeito do que é estimulante para você.

5. Sinta a brisa. Note como o vento muda a cada instante. Qual é a melhor escolha neste momento? Seria usar suas meias verde-limão de bolinhas e sua blusa laranja? E, finalmente ir àquele restaurante?

6. Cruzar a cidade de carro é bom? Faça como os italianos. Busque a versão mais agradável. Ela a faz rir de prazer? Se comida grega for a sua favorita, onde fica a mais saborosa da cidade?

7. *La Dolce Vita*. A vida fica bem mais doce se você arranjar tempo para desfrutá-la. Que tal um intervalo para um agrado? Arranje um tempinho para saborear o seu mundo, todos os dias. Visite uma galeria de arte ou um pet shop, ou tome o melhor café da cidade.

8. Agradeça a você mesma. Agradeça-se por fazer a escolha fantástica de comemorar e apreciar a sua vida.

capítulo 13

querida, você precisa
de óculos novos

Gratidão lhe Cai Muito Bem

Você está sentada numa cafeteria saboreando um café cremoso. Depois dos primeiros goles, seus olhos captam uma cena: na mesa ao lado há uma garota lendo um jornal. Ela vira a página — e o seu alarme de liquidações dispara. Você vê um anúncio pequenininho com os seguintes dizeres: "Venda de Amostras com 75% de desconto — Só hoje". É daquela boutique chique, completamente fora do seu orçamento... até aquele momento. A garota também o nota. Você não consegue evitar dar outra olhada novamente enquanto dá outro gole no seu café.

A garota do jornal está aproximando o jornal do rosto até quase tocar no nariz — ela está apertando os olhos para ler a informação contida nas letras pequenininhas do anúncio. Humm, você pensa, aquela garota precisa de óculos! Quem sabe? Ela parece conseguir bons negócios em alguns produtos da moda já que está usando um par bem sexy de óculos.

Na verdade, há uma receita de óculos que todos nós precisamos. No entanto, eles não são prescritos por um oftalmologista. Não mesmo. Não encontrei um único médico que os receitasse. O que torna tudo uma loucura é que o mundo seria um lugar muito melhor se todas nós os usássemos. Estou me referindo aos Óculos da Gratidão.

Concentrar-se nas coisas negativas obscurece a sua visão. A gratidão ajuda você a passar pelo óbvio e encontrar o que é bom. Ela faz as situações ganharem uma nova luz. Lembra-se do meu amigo Scott, o cego que ajudou a construir uma rede de TV? Ele me ensinou o poder da gratidão quando disse: "Se alguém oferecesse a minha visão de volta, eu recusaria. Ganhei muito mais. Sou uma pessoa muito mais forte por ter descoberto a dádiva de ser cego. Descobri uma grandeza que eu não teria visto com os meus olhos sãos".

Que dom poderá tornar-se visível assim que você colocar os óculos da gratidão?

Eles Tiraram as Lentes de Aumento

Vejamos o que acontece quando alguns pesquisadores inteligentes colocam a gratidão sob as lentes de um microscópio. Novos estudos têm confirmado que todas aquelas coisas — como um carro novo turbinado, uma excursão de duas semanas a Bora-Bora, o armário cheio de sapatos novos — que você pensava que a tornariam feliz, na verdade não a tornam. Uma atitude de gratidão é um fator mais importante para a felicidade do que uma colossal conta bancária. O que faz a diferença é o uso dos Óculos da Gratidão.

A alegria não distingue um Fusca de uma Ferrari

A Felicidade atravessa as barreiras econômicas. A alegria não sabe a diferença entre um Fusca e uma Ferrari. Outro estudo mostrou que as pessoas que estavam satisfeitas com o que possuíam (independente se era muito ou pouco) eram tão felizes quanto as que possuíam o máximo. Espere só, isso não é tudo. Ainda vem o melhor. As pessoas que eram gratas pelo que possuíam, mesmo que não fosse muito, eram duas vezes mais felizes do que as que tinham o máximo de coisas. Que prova pode ser melhor? Receite a si própria um par de lentes de gratidão e veja a sua vida se transformar.

No Projeto de Pesquisas sobre Gratidão e Ação de Graças, dois pesquisadores realizaram uma análise da teoria da gratidão sob outro ângulo. Eles pediram a centenas de pessoas para que mantivessem um diário. Um grupo deveria anotar todos os acontecimentos do dia, fossem eles bons ou ruins. Um segundo grupo deveria registrar apenas as experiências ruins e um terceiro grupo fez uma lista apenas daquelas coisas pelas quais eles se sentiam gratos. Humm, você consegue imaginar o resultado? Você já podia imaginar, o grupo agradecido apresentou níveis de energia, vivacidade e determinação muito maiores, e também taxas menores de decepção e estresse. E tem mais. Apresentaram probabilidade maior de se sentirem amados e de se engajarem em atos de bondade para com as outras pessoas. Pessoas com mais energia, sentindo-se amadas, sendo gentis umas com as outras — sim, de fato, a Terra seria um lugar melhor se todos usassem os Óculos da Gratidão. E só se leva um segundo para vesti-los.

A História de Becky

Quando Becky entrou em meu escritório pela primeira vez, ela usava um par de óculos estranhos. Eram óculos escuros de más notícias e eles estavam turvando tanto a sua visão que ela mal conseguia enxergar. Becky era proprietária de um restaurante que se desenvolveu muito rapidamente. Então, quando o seu segundo restaurante não se tornou uma sensação do dia para a noite também, a sua confiança se abalou profundamente. Ela questionava-se seriamente a respeito de suas aptidões como *restauranteur* e considerava seriamente a ideia de jogar a toalha, vender seu primeiro restaurante e voltar para a escola por um ano.

Esses Óculos Não lhe Caem Bem

Se olhar para as coisas ruins obscurece a sua consciência, procurar pelas coisas boas, por outro lado, ilumina-a. Não estou falando do olhar cego de uma garota superficial de Hollywood dizendo que tudo está "bem" quando não está! Eu considero gratidão ver o mundo pelos olhos do coração. Procure pelo que é bom e adivinhe o que você descobrirá... o bem! Quando você coloca os Óculos da Gratidão você abandona aquela visão míope que só vê as coisas ruins e começa a enxergar algo mais que poderia haver ali.

Por mais doido que pareça, a situação nem precisa mudar. É simplesmente a sua percepção que muda. A gratidão faz você ver o todo. Ela dá grandeza à sua atitude. Você não acha que lá da sua condição privilegiada, o Bem Maior percebe que "tudo está bem", mesmo quando você não consegue ver? Quando você reserva um momento para observar, de uma perspectiva superior, o que está lhe aborrecendo, as limitações do que você consegue ver, desaparecem.

De volta à Becky

Becky percebeu que precisava tirar seus óculos antigos e colocar um belo par de Óculos da Gratidão. Eu a incentivei a fazer uma lista da gratidão. Ela começou com algumas coisas boas e pequenas pelas quais se sentia agradecida — trufas, sua mãe, champanhe francesa, pingue-pongue e pôr-do-sol. Durante o mês seguinte ela acrescentou mais coisas à sua lista — como fio dental sabor canela e gravador de vídeo digital (TiVo). Para reforçar a sua prática da gratidão, a sua lição de casa era dar um monte de tapinhas nas costas. Tapinhas de verdade nas costas (Ei, você merece um tapinha nas costas. Segure suas mãos à sua frente. Agora coloque-as sobre os seus ombros. Comece a dar tapinhas enquanto diz: "Estou muito orgulhosa de você", observe como você se sente bem).

À medida que Becky praticava tornar a gratidão parte de sua rotina, sua perspectiva começou a mudar. Ela se viu agradecendo espontaneamente às pessoas ao seu redor — algo que ela não fazia há meses. Ela percebeu que havia esquecido como era divertido servir todos aqueles seus pratos deliciosos; e, também, como era gostosa a camaradagem entre os empregados — e queria tudo aquilo de volta. Puxa, ela disse a si mesma, eu só tenho trinta e poucos anos e possuía dois bistrôs. Quer coisa mais legal? Isso aliviou o fato de não ter nenhum salário para levar para casa enquanto desenvolvia seu novo ponto comercial.

> **Quais são as cinco coisas pelas quais você é grata nesse momento?**

Quando a prática da gratidão ganhou força, Becky começou a ver os desafios de seu novo empreendimento como bençãos. Não, não é erro de impressão, não. Ela começou a ver as bençãos. O crescimento lento do segundo ponto foi percebido como um desafio para que ela administrasse ambos os restaurantes mais eficazmente. Ao mudar sua atitude de pânico para gratidão, Becky sentiu-se mais tranquila e, em consequência, tornou-se mais criativa. Ela compreendeu que: 1) início lento não significava fracasso — ela precisava fazer um pouco mais de propaganda; 2) para gerenciar um negócio próspero não era necessário ter grau universitário, mas sim, ter um bom contador; 3) ver para onde o seu dinheiro ia significava que ela estava gerenciando o fluxo de energia de modo mais inteligente.

Essas soluções não estavam menos disponíveis a Becky quando ela usava aqueles óculos embaçados. Agora, que ela havia aguçado sua visão, ela conseguia vê-las.

Quem Fica com a Sacola de Brindes

Você já ouviu falar da Teoria da Sacola de Brindes? Ela baseia-se no princípio de que as pessoas gratas são ímãs que atraem coisas boas para si. E as melhores coisas não são as que você consegue ver.

Não acredita em mim? Vamos fazer um concurso chamado Distribuição de Sacolas de Brindes. Encha uma sacola com suas coisas prediletas para distribuir como prêmio. A minha teria jasmins e rosas do meu jardim, um pedaço do bolo cremoso de chocolate da minha mãe, um roupão de linho que minha irmã fez, minhas botas prediletas e meus três livros favoritos. O que você colocaria na sua sacola?

Agora vem a parte difícil. A quem dar a sacola? Imagine duas candidatas à sua frente. A candidata número um é a Betina. Essas são as informações confidenciais de Betina: seu armário está repleto de achados de segunda mão que ela reforma para

195

caber na sua silhueta robusta. Embora não tenha um grande emprego ou conta bancária, a maioria das pessoas a consideram uma das pessoas mais ricas que conhecem. Quando ela entra em um ambiente, você se sente bem porque ela irradia felicidade. Ouvi dizer que ela havia sofrido uma pequena colisão e falou a uma amiga que estava grata por não ter sido pior. Betina consegue encontrar algo bom em quase tudo. Agora a candidata número dois, Blanche. Blanche é entediada, entediada, entediada. Ela não precisa trabalhar porque tem pai rico. Gasta o seu tempo fazendo compras, indo a salões de beleza e frequentando, às vezes, aulas de ioga. Mesmo assim, ela é quase sempre amarga a respeito de alguma coisa. Ela acabou de voltar de uma viagem de férias de duas semanas à exótica ilha da Tailândia. Seu comentário: "Foi sem graça". Para Blanche nada é bom o suficiente.

Então, a quem você está inclinada a dar todas aquelas coisas gostosas da sua sacola de brindes? Não há dúvida de que meus brindes vão para a Betina. Eu quero que meus presentes sejam apreciados. E você?

O Universo funciona da mesma forma. As pessoas gratas atraem a boa sorte. (E as pessoas que estão sempre reclamando geralmente conseguem mais coisas das quais reclamar.) Essa não é uma atitude passiva. As pessoas mais bem-sucedidas não são vítimas. Mesmo quando as coisas ruins acontecem, elas conseguem tirar uma lição delas. As Poderosas encontram um modo de enfrentá-las e usá-las como um fortalecedor ou uma passagem em direção ao sucesso.

> **A gratidão atrai a Sacola de Brindes.**
> **A gratidão *É* a Sacola de Brindes**

Experimente a Teoria da Sacola de Brindes. Acompanhe as surpresas fascinantes que o Universo lhe entrega quando você desenvolve a sua atitude de gratidão.

Milagres da Gratidão e do Reconhecimento

Eu me considero extremamente afortunada por ter sido orientada por um dos maiores especialistas do mundo em gratidão e reconhecimento. Lawrence era tão gentil e generoso que quando o conheci pensei que ele estava fingindo. Ele administrava uma empresa internacional de manufatura e uma fundação educacional. Como ele podia gastar um almoço inteiro me ajudando com um problema de negócios... e, ainda, pagar a conta?

Eu pude observar como ele lidava com a difícil tarefa de lidar com os fornecedores. Muitas vezes senti vontade de xingar muitas das pessoas a quem ele estava agradecendo. Se uma fábrica tivesse problemas em cumprir um prazo de entrega ele dizia: "Obrigada por nos avisar. Recordo-me que seu pai andou doente. Como ele está?". Como qualquer administrador inteligente, Lawrence havia dado certa folga no prazo do pedido. No entanto, sua cortesia valia a pena. Quando ele realmente precisava de um favor, o dono da fábrica estava ávido por ajudá-lo. Ele me ensinou o valor de dizer obrigada em cada situação — até mesmo naquelas que pareciam desagradáveis.

Certa vez, quando o maior pedido com o qual a sua companhia já havia lidado estava para ser despachado, eu vi Lawrence empalidecer quando sua secretária lhe entregou um fax. Seu cliente, um daqueles 500 melhores empresários na classificação da revista Fortune, havia sofrido uma enorme perda no mercado de ações. Em consequência, estavam cortando o pedido pela metade. Uma vez que os produtos possuíam o logotipo desse cliente, não seria possível vendê-los para mais ninguém.

Em vez de gritar e chamar seus advogados (o que eu queria fazer), Lawrence fez algo que considerei surpreendente. Ele aguardou um momento e se colocou no lugar do seu cliente. Lawrence percebeu a posição difícil em que esse se encontrava.

Devido à grande perda, eles poderiam ter cancelado o pedido todo. Ele também se lembrou de que um novo vice-presidente havia sido designado para a empresa, alguém que não havia trabalhado diretamente com ele antes. Em vez de olhar para as dificuldades que tal cancelamento lhe traria, ele concentrou-se no relacionamento de longa data que havia entre as duas empresas.

Lawrence escreveu uma carta agradecendo-os por sua lealdade e reconhecendo sua difícil situação naquele momento. Disse que esperava continuar fazendo negócios com eles e oferecia sua ajuda naquele momento de dificuldade.

O reconhecimento é mágico. Alguns dias mais tarde, Lawrence recebeu um fax, no qual reiteravam a maior parte do pedido original.

Vista Óculos Novos

Onde uma mudança de visão lhe faria bem? Para o que você gostaria de olhar com um par de Óculos da Gratidão? Aquele monte de trabalho em cima de sua escrivaninha a irrita? Vista os óculos e dê uma olhada. Olha, que bom que você tem um emprego (um monte de pessoas no mundo não tem). Encontre algo que você goste em seu local de trabalho (finalmente eles arrumaram uma cafeteira, a árvore do lado de fora da janela está perdendo as folhas, o sorriso largo do menino de dez anos, encarando você lá do porta-retratos da sua mesa de trabalho, sempre a faz sorrir).

Dirija a sua visão para perceber o bem escondido nos desafios da vida e então expresse sua gratidão por aquele bem. Veja se algo que parecia ruim a princípio não se revela como algo maravilhoso. A vida é bela quando você a olha por meio dos Óculos da Gratidão. O mundo não seria um lugar muito melhor se todos nós os usássemos?

Jogo:
Encontre o Bem

Encontrar o bem é apenas uma brincadeira, assim como esconde-esconde. Ou a Caça aos Ovos na Páscoa. Você pode fazer essa brincadeira o dia todo ou pelo resto de sua vida. Eu estou fazendo isso. É uma ótima hora para usar o seu GPS e experimentar a vida de um ponto mais favorável. Seu objetivo é encontrar o maior número possível de coisas boas, até mesmo no pior de todos os lugares.

1. Centre-se. Inspire profundamente a gratidão. Expire a tristeza e o desânimo. Faça isso três vezes ou até se sentir mais grata.

2. Peça para o bem de todos. Como Prefeita, aguarde um instante e peça para que a sua visão se alinhe com o que é melhor para todos.

3. Estabeleça a sua intenção. Estabeleça a sua intenção de experimentar a sua gratidão.

4. Que sensação! Coloque suas mãos sobre o coração. Associe com a imagem de algo que você ama profundamente (sua avó, seu cachorrinho, um lugar na natureza...). Sinta aquele calor ardente em seu coração. Você se sente agradecida por essa pessoa ou coisa fazerem parte de sua vida?

5. Argh! Pense numa dificuldade atual. Crie uma imagem específica do que a está aborrecendo.

6. Experimente seus óculos. Agora coloque os seus Óculos Mágicos da Gratidão. Eles lhe dão o poder de ver sua dificuldade com a perspectiva sábia e amorosa de seu coração.

7. O que você vê? Olhe para o que é ruim com os olhos do amor. Encontre o bem. Pergunte a si mesma: "Como posso usar essa situação para me tornar melhor de alguma maneira?".

8. Espelho, espelho meu. Depois de ter feito isso, olhe-se no espelho. Encontre o que é bom em você.

9. Fabulosos 20. Escreva uma lista de vinte coisas — grandes ou pequenas — pelas quais você sente gratidão.

10. Esconde-Esconde. Durante o desenrolar do seu dia, divirta-se encontrando o que é bom. Ele pode aparecer nos lugares onde você menos espera.

11. Agradeça a você mesma. Agradeça-se por ser grata pela Sacola de Brindes que é a sua vida.

*Uma atitude de gratidão é um fator
mais importante para a felicidade do que uma
colossal conta bancária.*

capítulo 14

aspiradores sugam sujeira, você também?

Por Que Não fazer a Alegria de Alguém?

Ao olhar pelos seus Óculos da Gratidão, você consegue ver as maravilhas deste mundo? Em especial, você consegue notar como Vocelândia e Todosnóslândia somos complexamente interdependentes?

Fazer parte da fantástica Nóslândia e contribuir para este planeta lindo é tão natural para a sua natureza que lhe faz bem. Além do mais, o sucesso é somente um troféu empoeirado na prateleira se você não compartilhá-lo. Simplesmente agarrar o que você quer sem pensar nos outros, só a leva a querer sempre mais. Igualzinho a um aspirador de pó.

Pense sobre isso. Um aspirador suga. Esse é o trabalho dele. Mas que vida: a missão dele é sugar sujeira. A única direção para a qual ele olha é para baixo. E sua sede insaciável de sujeira nunca é satisfeita. Partículas mínimas de pó se depositam de volta no carpete antes mesmo de ele terminar seu trabalho.

> **O sucesso é só um troféu empoeirado numa prateleira se você não o divide com os outros**

Um aspirador não dá, só recebe. Não admira que ele fique lá no armário, sozinho, a maior parte do tempo. Imagino que ele deva ser um eletrodoméstico bem amuado. Ele existe apenas para inalar pelo de gato e farelos de bolo. Que mundo cor-de-rosa é esse?

Embora você tenha um monte de estratégias inteligentes de sucesso na sua manga, vamos encarar os fatos: você é um ser humano. Algumas vezes você fica empacada diante do mar de lama em que sua vida se encontra. Em vez de desfrutar a vida e atingir seus objetivos, você começa a pensar nos seus problemas. E muito provavelmente, você vai achar que a culpa é de alguém. Alguém fez algo de ruim para você. Muito ruim. Sujaram e enlamearam com

203

seu comportamento horrível o carpete bege lindo e limpo da sua vida. Você se agarra ao problema. E repassa de novo, e de novo, e de novo. Você está tão obcecada em arrancar a sujeira que ficou para trás que se esquece do que queria, qual a sua prioridade.

Você entra no Modo Vítima do Aspirador e quando está nesse estado, você está na Fracassolândia — e não na versão mais excitante. Você sofre uma amnésia temporária e se esquece de que é Prefeita e que tem o poder de transformar a sua vida. Você acha que não pode virar o botão. E é exatamente aí que o milagre acontece.

A melhor maneira de pular fora do saco do aspirador do "ai de mim" é fazer algo para alguém. Eu sei, eu sei... Aquele bordão "sinto muito" é tão confortável quanto calças usadas e chinelos velhos. Pular fora disso parece tão antinatural quanto vestir suas roupas de festa quando o que você mais deseja é se jogar embaixo das cobertas. Mas, acredite em mim, funciona. Dê uma ajuda a alguém. Para começar, você já vai esquecer que estava numa pior.

Eu Ajudo

Eu tenho o apoio da Ciência quanto a esse assunto. Os pesquisadores vêm identificando toneladas de benefícios que advêm de contribuir com os outros. Em primeiro lugar, ajudar os outros faz bem à sua saúde física. Estudos mostram que pessoas engajadas em programas de trabalho voluntário apresentam uma melhora no sistema imunológico e na circulação cardiovascular e melhores padrões de sono. Isso não é nada mal.

Mas espere, tem mais. Dar, também traz benefícios emocionais. Pessoas que estão ocupadas ajudando os outros, sentem que têm controle sobre as circunstâncias, maior habilidade para lidar com as crises, e sentimentos mais fortes de satisfação pessoal, compaixão e empatia. Isso também não é nada ruim.

E há, ainda, mais benefícios. Ajudar os outros pode ser um fator-chave para uma vida mais longa. Em um estudo, a dra.

Stephanie Brown e seus colegas do Instituto de Pesquisa Social da Universidade de Michigan acompanhou, por mais de cinco anos, 423 casais idosos. Aquelas pessoas que relataram que não ajudavam os outros apresentaram probabilidade duas vezes maior de morrer durante aquele período de cinco anos do que as que ajudavam. Oba! O simples ato de levar sua vizinha até o mecânico para pegar o carro pode lhe dar 50% mais chances de viver mais.

O Antídoto Para os Períodos Difíceis

Tá bom, *tá* bom, tá bom. Você sabe que essa é a coisa certa a ser feita. Mas você está superocupada. Você está atolada. Você tem tentado levar o seu próprio carro à oficina mecânica faz três semanas. Você não tem tempo para ajudar mais ninguém. Além disso, você está numa fase muito difícil. Ufa, eu posso imaginar.

> **Nada pode ajudar mais a mudar um momento difícil do que ajudar alguém.**

O remédio, quando nos sentimos péssimas, é dar um presente a alguém. Não importa o que seja, desde que não se exija nada em troca. Impor condições a um presente torna esse ato uma negociação e não um ato de ajuda. Você vai descobrir que dar só pelo simples prazer é muito mais gratificante. Nada pode ajudar mais a mudar um momento difícil do que ajudar alguém que esteja necessitado. E, como tudo o mais, você pode fazê-lo em pequenos passos. Você não precisa se filiar ao Green Peace. Sorrir e dizer um muito obrigado genuíno à moça do caixa não toma tempo. Enviar um cartão de agradecimento ou ligar para uma amiga entra na categoria de coisas que levam menos de dois minutos. Dar uma mãozinha a alguém leva menos de dez minutos.

205

A Euforia da Ajuda

Aquela sensação de bem-estar que advém de ajudar alguém é tão conhecida que os pesquisadores lhe deram um nome: "Euforia da Ajuda". Você não adorou o nome?

Você sabe que fazer exercícios é uma maneira excelente de desestressar. Você sabe como você se sente bem após uma corrida ou exercícios de musculação. Isso acontece porque exercícios vigorosos liberam endorfinas. As endorfinas produzem uma sensação de felicidade conhecida como euforia do atleta — embora você tenha se esforçado bastante, não se sente cansada ou estressada, se sente mais alegre e relaxada. Uma equipe de pesquisadores britânicos descobriu que até mesmo exercícios moderados elevaram os níveis de feniletilamina, uma substância química do cérebro que melhora o humor. No dia seguinte, mais de 80% dos participantes ainda apresentam níveis mais altos de feniletilamina. O ato de dar altruisticamente aparentemente fornece ao corpo o mesmo estímulo. Em outro estudo, uma instituição de caridade da cidade de Nova York realizou uma pesquisa com 3.300 voluntários. Muitos relataram terem sentido uma sensação de euforia enquanto participavam do programa de ajuda. Na verdade, muitos relataram sentir-se com mais energia no fim de um longo dia de trabalho ajudando os outros, do que sentiam no início do dia.

Satisfação Garantida ou Seu Dinheiro de Volta

Por que não começar? Compre um talão de zona azul e saia renovando cartões dos carros que estão prestes a levar multa. Se você fizer isso durante três dias e não se sentir genuinamente melhor consigo mesma, escreva-me e eu lhe reembolsarei o talão investido. Eu aposto como dar, vai fazer você se sentir ótima. E se for anonimamente, você vai se sentir melhor ainda. Faça um Fabuloso cinco minutos e deixe alguém feliz. Há tantas pessoas necessitadas na sua comunidade ou no mundo. Você poderia fazer a diferença na vida de alguém. Fazer uma doação para uma instituição de caridade vai levar menos de cinco minutos. Uma pequena quantia pode ajudar alguém em algum lugar. Ajudar traz um benefício duplo. Ajudar alguém que esteja necessitando pode não resolver, mas fará você se sentir bem: ajuda alguém e ao mesmo tempo muda você.

Nunca é Tarde Demais

Enquanto eu finalizava este livro, passei alguns dias com minha maravilhosa editora num lugar que parecia próximo ao paraíso. Nosso refúgio ficava nas colinas de Santa Barbara — um lugar de um silêncio especial com um anoitecer místico. Quando o Sol começa a se pôr, os carvalhos ficam inundados por uma luz dourada que pinta cada arbusto com a cor do paraíso. Naquele lugar eu me sentia como se estivesse sendo abraçada por uma amiga.

A casa do refúgio havia sido construída por uma mulher de noventa anos, e foi um presente. Ela havia vivido sua longa vida na costa leste. Seu marido havia falecido e ela desejava muito passar seus anos dourados na luz dourada de Santa Barbara, avistando o mar. Amigas e mais amigas reviravam os olhos quando ela falava de seus planos. Pelo amor de Deus, ela tinha noventa anos! Mas esse pequeno detalhe, de estar a apenas dez anos de completar um século de vida, não iria detê-la. Embora suas amigas estivessem indo morar em pensionatos para a terceira idade, ela iria criar algo fantástico.

| Saia do caminho e dê espaço para a bondade |

Ela mudou-se para Santa Barbara e alugou um pequeno local nas redondezas para que pudesse supervisionar pessoalmente o projeto, enquanto a casa de seus sonhos estava sendo construída. Aquela senhora de compleição pequena e cabelos grisalhos, rodeada de trabalhadores robustos, deve ter sido algo digno de ser visto. Não foi certamente o período mais fácil de sua vida, mas poder realizar o seu sonho parecia dar-lhe o vigor de uma garota bem mais jovem.

Por falar em como dar estímulos à sua saúde — depois que a casa ficou pronta, essa mulher vibrante e generosa viveu nela por quase uma década. Profundamente interessada nos outros, ela cultivou amizades de todas as faixas etárias. E elas a amavam. Ela morreu em paz durante o sono alguns dias antes de seu centésimo aniversário. Deixou a casa para que o retiro a compartilhasse com outras pessoas — sem restrições.

Aprendi muito com a história daquela casa. Nunca é tarde para se ter a vida que se deseja. Nunca se é velho ou frágil demais para dar — seja uma casa ou algo tão simples quanto um sorriso. O fruto de sua bondade acolheu de braços abertos essa estranha aqui, alguém que ela nunca tinha visto. Que mundo teríamos se nós nos acolhêssemos com a mesma boa vontade. Que lugar abençoado seria nosso planeta se você e eu fizéssemos um pouquinho, todos os dias, para torná-lo melhor do que o encontramos.

Você, Só Você, Ninguém Além de Você

Até agora você aprendeu que como Prefeita de Vocelândia você tem o poder de mudar a sua vida. Tomou conhecimento do esplendor de Vocelândia e talvez tenha descoberto que Deus é o tipo do sujeito em quem se pode confiar. Você descongelou o seu jantar de ideias prontas e espero que esteja queimando com menor frequência os seus biscoitos.

Nunca há escassez de grandiosidade depois que você começa a vê-la e cultivá-la. O que você vai fazer com tudo isso?

Por que não compartilhar com os outros? Por que não distribuir o bem? Além do mais, essa é uma forma fantástica de deixar as coisas ruins para trás e se tornar uma mulher mais forte e poderosa quando a necessidade aparecer. Olha, há provavelmente alguém que poderia se beneficiar com um pouquinho de sua bondade, neste exato momento.

Esse momento está esperando para ser colorido do jeito que você escolher. Agora você pode mudar. Você pode abandonar as suas velhas trilhas tortuosas e deixar os seus sonhos a guiarem por novos caminhos. Você pode criar a vida que deseja. Mesmo que tenha noventa anos.

Deixe a sensação de *derrotada* de lado — livrar-se de tudo o que é ruim e transformar a sua vida em algo fantástico é fácil. Porque ***poderosa*** você sempre foi e **é**.

Jogo:
O Dom de Dar

Agora que você já gastou seu tempo se abastecendo com a sua magnífica bondade, o passo seguinte e natural é reparti-la. Com esse jogo você pode ajudar a transformar o mundo num grande Clube de Poderosas do Bem.

1. Centre-se. Inspire profundamente o desejo de repartir a sua bondade. Repita três vezes. Expire três vezes profundamente, livrando-se do egoísmo. Bravo!

2. Peça para o bem de todos. Como Prefeita, aguarde um momento, assuma o seu posto e peça para servir aos outros para o bem de todos.

3. Estabeleça a sua intenção. Estabeleça a sua intenção de oferecer ajuda a alguém.

4. Fabulosos 15. Reserve quinze minutos para fazer a alegria de alguém. Concentre-se em ajudar os outros. Veja quantas pessoas você pode atingir, ou a influência positiva que você pode ter sobre a vida de alguém. Compre um café para um estranho, faça uma doação para uma instituição de caridade, coloque uma folhinha de zona azul no carro de alguém.

5. Faça. Ajudar outra pessoa é amor em ação. Não importa o que você faça, desde que não esteja esperando algo em troca.

6. Agradeça a você mesma. Agradeça-se. O mundo lhe agradece por estar fazendo uma escolha poderosa e transformando este planeta num lugar melhor. Uma escolha por vez.

Agradecimentos

Minha maravilhosa, fantástica e generosa família. Eu simplesmente amo vocês!

Doutor Ron e dra. Mary Hulnick e ao pessoal da Universidade de Santa Mônica, por me estimularem a compartilhar o que há de melhor em mim.

Doutora Jean Houston, por me estimular e me ajudar a me tornar uma escritora.

Barbara Holden, por ser a melhor amiga que eu poderia ter. Sempre, sempre, sempre!

David e Kathryn Allen, Bertrand e Roberta Babinet, John e Marion Bateman, Andra Curasso, Nicholas Brown e Martha Ringer, por me ajudarem a transformar os anos ruins em anos bons.

Prudence Fenton, pela sua visão, apoio e parceria.

John Mason Esq., que felizarda eu sou em poder contar com sua orientação e apoio!

Mark Zuckerman, por ser meu adido cultural e querido amigo.

Carolyn Bond, por ser uma editora comprometida com a excelência deste projeto. Este livro ficou melhor por sua causa.

Beth Hansen-Winter pelo seu design maravilhoso. Que grande oportunidade poder trabalhar com você!

Brenda Fishbaugh, por ser a inspiração da Dieta de Baixa Crítica!

Os melhores médicos da Califórnia, por seu apoio contínuo: Jeffrey Hirsch, Phillip Conwisar, Bruce Broukhim, James Styner e Barry Halote. Vocês são demais!

Stephanie Gunning, pelo seu trabalho, orientação e visão corajosa.

Blake Snyder, por ser uma incentivadora fenomenal.

Mimi Donaldson, por ser uma companheira gloriosa e péssima motorista.

Cirelle Raphalian, por antever este livro anos antes de eu ter qualquer ideia a respeito.

Doutor Andrew Jacobs, por me apresentar os conceitos da Psicologia do Esporte e as saborosas coxas de peru.

John Tarnoff, por ser minha mais longa derrota no jogo "Big Brother".

Rick Kanter e Richard Katz, por me lembrarem do meu humilde início e por nunca me deixarem esquecer de que inventei o "Segurador de Controle Remoto".

John Roger, por sua sempre presente inspiração, amor e orientação.

John Morton, por me mostrar que Deus é o tipo de cara em que posso confiar.

Todo o pessoal de Anatomy Entertainment por toda a ajuda.

Elena, Isabella, Gian Paolo e Chiara, por "brincarem" de loja de calçados, aprenderem a suportar pasta de amendoim, me ensinarem a patinar no gelo e por não caçoarem muito do meu italiano. Sim, isto é uma insinuação.

Annette e Sheldon Bull, obrigada por me adotarem e me mostrarem o que é um casamento feliz.

Gracie, por sua enorme generosidade.

Jackie Castor, se algum dia eu chegar a usar uma aliança no quarto dedo da mão esquerda, provavelmente será pelo que você fez.

Park Kerr, por ser meu homem no Texas.

Frank Maguire, por me lembrar que a coisa principal é a coisa principal.

Dawna Shuman, por seu ousado setor de relações públicas.

Meus companheiros no Gold Coast Institute, por seu apoio permanente.

Joan Stewart, por ser um incrível mentor em RP. Você é o melhor, o melhor, o melhor!

Irina Dragut, por ser a melhor estagiária de todos os tempos.

Ellen Kleiner e Yoland Muhammad, bênçãos a vocês por toda ajuda no parto desta criança.

Meus humildes agradecimentos a todos os meus inspiradores e incríveis clientes.

E um enorme obrigada a VOCÊ por comprar este livro. Se você estiver lendo os agradecimentos, saiba que tem um lugar especial no Clube das Poderosas!

Referências Bibliográficas

LIVROS

ALLEN, David. *Getting things done:* the art of stress-free productivity. Nova York: Penguin Books, 2003.

BAKER, Dan; CAMERON, Stauth. *What happy people know: how the new science of happiness can change your life for the better.* Emmaus, PA: Rodale Inc., 2003.

BARINOV, Zelma. *How to make instant decisions and remain happy & sane-using your inner compass.* Bala Cynwyd, PA: Access Press, 1998.

BASKIN, Elizabeth Cogswell. *How to run your business like a girl:* succcessful strategies from entrepreneurial women who made it happen. Avon, MA: Adams Media, 2005.

BRUMBERG, Joan Jacobs. *The body project:* an intimate history of ameriican girls. Nova York: Random House, 1997.

CHANDLER, Steve; SCOTT Richardson. *100 ways to motivate others:* how great leaders can produce insane results without driving people crazy. Franklin Lakes, Nj: Career Press, 2005.

DE BEAUPORT, Elaine ; AURA Sofia Diaz. *The three faces of mind:* developing your mental, emotional, and behavioral intelligences. Wheaton, It: Quest' Books, 1996.

GIRSCH, Maria; CHARLIE Girsch. *Fanning the creative spirit.* St. Paul: Creativity Central, 200l.

HANLEY, Jesse Lynn; NANCY Deville. *Tired of being tired:* rescue, repair; rejuvenate. Nova York: Penguin Putnam Inc., 200l.

HENDRICKS, Gay; KATHLYN Hendricks. *Conscious loving:* the journey to co-commitment. Nova York: Bantam Books, 1992.

HOUSTON,]ean. *The search for the beloved.* Nova York: Penguin Putnam, 1997.

LARK, Susan M.; JAMES A. Richards. *The chemistry of success:* six secrets of peak performance. San Francisco: Bay Books, 2000.

LEYDEN-RUBENSTEIN, Lori A. *The stress management handbook:* strateegies for health and inner peace. New Canaan, CT: Keats Publishing, 1998.

MORTON, John. *The blessings already are.* Los Angeles: Mandeville Press, 2000.

MULLER, Wayne. *Legacy of the heart:* the spiritual advantages of a painnful childhood. Nova York: Simon &. Schuster, 1993.

MYSS, Caroline. *Anatomy of the spirit:* the seven stages of power and healing. Nova York: Three Rivers Press, 1996.

NIVEN, David. *The 100 simple secrets of happy people:* what scientists have learned and how you can use it. San Francisco: HarperCollins, 2000.

PEIRCE, Penney. *The intuitive way:* a guide to livingfrom inner wisdom. Hillsboro, OR: Beyond Words Publishing, 1997.

RICHARDSON, Cheryl. *Life makeovers:* 52 practical and inspiring ways to improve your life one week at a time. Nova York: Broadway Books, 2002.

ROGER, John. *God is your partner.* Los Angeles: Mandeville Press, 1990.

ROGER, John; PAUL Kaye. *Momentum-letting love lead:* simple practices for spiritual living. Los Angeles: Mandeville Press, 2003.

WATERHOUSE, Debra. *Outsmarting the female fat cell:* the first weighttcontrol program designed specifically for women. Nova York: Warner Books, Inc., 1994.

WEINSTEIN, Matt. *Managing to have fun:* how fun at work can motivate your employees, inspire your coworkers, boost your bottom line. Nova York: Simon &. Schuster Inc., 1997.

ARTIGOS
ABC TV Diet expert. ABC 7 Chicago. "Want To Lose Weight? Cheat On Your Diet." December 29, 2005. http://abclocal.go.com/wls/ story?section=health &id=3768161.
"Americans Have Fewer Friends Outside the Family, Duke Study Shows." Duke University News & Communications, August 20, 2006. http://www. dukenews.duke.edu/2006/06/socialisolation.html.
BELLUCK, Pam. "Nuns Offer Clues to Alzheimer's and Aging." New York Times, May 7, 2001. www.stpt.usf.edu/~jsokolov/agealzh2.htm.
BENSON, Herbert; JULIE Corliss; GEOFFREY Cowley. "Brain Check." Newsweek 144:13 (2004): 45-47.
CAINE, Renate Nummela; GEOFFREY Caine. *Making connections:* teaching and the human brain. Nashville, TN: Incentive Publications, 1990. Excerpt available at: www.buffalostate.edu/orgs/bcp/ brainbasics/triune.html.
Case Western Reserve University. "Talking in 'Genderlects'." HR Quarterly, March 30, 2000. http://www.cwru.edu/finadmin/humres/admin/ genderlect. html.
COLLINS, Anne. "Best Vitamins for Weight Reduction." http://www. annecollins.com/best-vitamins-for-weight-control.htm. 2000-2005.
Counseling Center, University of Illinois. "Self-help Brochures." http:/ /www. couns.uiuc.edu/Brochures/perfecti.htm. 10/25/2005.
DENOON, Daniel. "Is 'Runner's High' a Cure For Depression?" WebMD, August 20, 2006. Original article September 27, 2001. http:// www.webmd. com/content/article/34/1728_90004.
EMMONS, Robert A.; MICHAEL E. McCullough. "Highlights from the Research Project on Gratitude and Thankfulness: Dimensions and Perspectives of Gratitude." http://psychology.ucdavis.edu/labs/ emmons/.
ESTABROOK, Alison. "12 Leaders on Life Lessons." Newsweek 146:17 (2005): 70-76.
GAOUETTE, Nicole. "Gut Instinct Gets Scientific on Border." Los Angeles Times, June 26, 2005.
GATES, Chee. "The Talking Cure." a Magazine (December 2004): 206.
GIBBS, Nancy. "Midlife Crisis? Bring It On!" Time 165:20 (2005): 52-63.
GREENBERG, Neil. "The Beast at Play: The Neuroethology of Creativity." https://notes.utk.edu/bio/greenberg.nsf/9e9a47Od5230cdda85 2563ef0059fa56/ff73036755b1490685256b4b000570fc?Open Document. Originally published in The Child's Right to Play: A Gloobal Approach, 309-327, eds. Rhonda Clements and Leah Fiorentino (Westport, CT: Praeger Press, 2004).
HANLON, Kathie. "What Is the Relationship between low Self-Esteem and Eating Disorders?" http://www.vanderbilt.edu/AnS/psychology/ health_ psychology/esteem.htm. 08/30/04.
HASSEN, Farrah. "Sleep Deprivation: Effects on Safety, Health and the Quality of Life." http://communicationsJullerton.edu/facilities/ tvfilm_studios/ con tent/safety/sleep.htm. 2002.
HEALY, Melissa. "Our Innate Need for Friendship." Los Angeles Times, May 9, 2005.
HOTZ, Robert lee. "Deep, Dark Secrets of His and Her Brains." Los Anngeles Times, June 16, 2005.
"The Importance of B-Group Vitamins." 101 Lifestyle.com. http:// www. l0llifestyle.comlhealthlvitaminb2.html. 2004.
KALB, Claudia. 2004. "Buddha lessons." Newsweek 144:13 (2004): 48851.
KANTROWITZ, Barbara. "When Women lead." Newsweek 146:17 (2005): 46-47.

KAZLEV, M. Alan. "The Triune Brain." www.kheper.net/topics/ intelliigencelMaclean.htm., October 19,2003.
"Know Your Vitamins." Medical Explorer. http://www.medical-explorer. com/ vitamins.php.
MACGREGOR, Hilary E. "In Need of a Friend." Los Angeles Times, June 26, 2006.
MACLEAN, Paul D. "Expanding Lifespan learning." www.newhorizons. org/ future/Creating_the_Future/crfu_maclean.html.
MICHAEL, Yvonne L.; GRAHAM A. Colditz; EUGENIE Coakley; ICHIRO Kawachi. "Health Behaviors, Social Networks, and Healthy Aging: Cross-Sectional Evidence from the Nurses' Health Study." Quality of Life Research Harvard Medical School 8:8 (1999): 711-722.
MUNDELL, E. J. "Sitcoms, Videos Make Even Fifth-Graders Feel Fat." Natural Solutions Radio. www.naturalsolutionsradio.com/articles/ article. html?id=2817&filter. 03/24/06.
News with CNN. "Why Women Can't Read Maps." http://cnn.netscape. cnn. com/news/package.jsp? name=fte/womenmaps/womenmaps. 2006.
PARKER-POPE, Tara: "The Secrets of Successful Ageing." Neurological Foundation of New Zealand, Neurological News. http://www. neurological. org.nz/html/article.php?documentCode=1338. June 20, 2005.
PINKER, Steven. "How to Think about the Mind." Newsweek 144:13 (2004): 78.
Puppetools: Advancing the Language of Play. "Play Tectonics." www. puppetools.com/?p=playtectonics. See also: www.puppetools.coml kids_ workshop/?p=paul.
"Riboflavin." Wikipedia: The Free Encyclopedia. http://en.wikipedia. org/ wiki/Vitamin_G 16:52. June, 27 2006.
SEGELKEN, Roger. "Maas: National (Sleep) Debt Is Killing Americans, Hurting Economy." Cornell Chronicle. http://www.news.cornell.edu/ Chronicle/98/1.22.98/sleep_debt.html. January 22, 1998.
SIGNORIELLI, N. (1997, April). "Reflections of Girls in the Media: A TwooPart Study on Gender and Media. National Institute on Media and the Family. http://www.mediafamily.org/facts/facts_mediaeffect.shtml. 09/01/04.
TAYLOR, Shelley E.; LAURA Cousino Klein; BRIAN P. Lewis; TARA L. Gruenewald; REGAN A. R. Gurung; JOHN A. Updegraff. "Bioobehavioral Responses to Stress in Females: Tend-and Befriend, Not Fight-or-Flight." Psychological Review 107:3 (2000): 411-429. http://bbh.hhdev.psu. edu/ labs/bbhsl/PDF%20files/taylor%20et%20al. %202000.pdf.
TIGGEMANN, M; A. S. Pickering. «Role of Television in Adolescent Women's Body Dissatisfaction and Drive for Thinness.» International Journal of Eating Disorders, 20 (1996): 199-203.
«UCLA Researchers Identify Key Biobehavioral Pattern Used by Women to Manage Stress.» Science Daily, May 22, 2000. http://www. sciencedaily. com/releases/2000/05/000522082151.htm.
Underwood, Anne. «For a Happy Heart.» Newsweek 144:13 (2004): 54-56.
WARNER, Judith. «Mommy Madness.» Newsweek, February 21, 2006. http://www.msnbc.msn.com/id/6959880/site/newsweekl.
WINFREY, Oprah. «A Little Restoration Goes a Long Way.» 0 Magazine Ouly 2004): 190.
_____. «How I Got There.» Newsweek 146:17 (2005): 48-49.
Women's Sports Foundation. «Too Many Girls Are Not Physically or Psychologically Healthy, Happy or Confident about Their Ability to Succeed in Life.» https://www.womenssportsfoundation.org/binary-datal/WSF_ ARTICLE/pdf_file/984.pdf.

Sucessos de *ZIBIA GASPARETTO*

Crônicas e romances mediúnicos.
Mais de nove milhões de exemplares vendidos.Há mais de dez anos, Zibia Gasparetto vem se mantendo na lista dos mais vendidos, sendo reconhecida como uma das autoras nacionais que mais vendem livros.

Crônicas: Silveira Sampaio

• Pare de Sofrer
• O Mundo em que Eu Vivo
• Bate-Papo com o Além
• O Repórter do Outro Mundo

Crônicas: Zibia Gasparetto

• Conversando Contigo!
• Eles Continuam Entre Nós

Autores Diversos

• Pedaços do Cotidiano
• Voltas que a Vida Dá

Romances: Lucius

• O Amor Venceu
• O Amor Venceu (em edição ilustrada)
• O Morro das Ilusões
• Entre o Amor e a Guerra
• O Matuto
• O Fio do Destino

- Laços Eternos
- Espinhos do Tempo
- Esmeralda
- Quando a Vida Escolhe
- Somos Todos Inocentes
- Pelas Portas do Coração
- A Verdade de Cada Um
- Sem Medo de Viver
- O Advogado de Deus
- Quando Chega a Hora
- Ninguém é de Ninguém
- Quando é Preciso Voltar
- Tudo Tem Seu Preço
- Tudo Valeu a Pena
- Um Amor de Verdade
- Nada é Por Acaso
- O Amanhã a Deus Pertence
- Onde Está Teresa?
- Vencendo o Passado

Sucesso de *SILVANA GASPARETTO*

Obra de autoconhecimento voltada para o universo infantil. Textos que ajudam as crianças a aprenderem a identificar seus sentimentos mais profundos tais como: tristeza, raiva, frustração, limitação, decepção, euforia etc., e naturalmente auxiliam no seu processo de autoestima positiva.

- Fada Consciência

Sucessos de *LUIZ ANTONIO GASPARETTO*

Estes livros vão mudar sua vida!
Dentro de uma visão espiritualista moderna, estes livros vão ensiná-lo a produzir um padrão de vida superior ao que você tem, atraindo prosperidade, paz interior e aprendendo acima de tudo como é fácil ser feliz.

• Atitude
• Faça Dar Certo
• Se Ligue em Você (adulto)
• Se Ligue em Você – nº 1 (infantil)
• Se Ligue em Você – nº 2 (infantil)
• Se Ligue em Você – nº 3 (infantil)
• A Vaidade da Lolita (infantil)
• Essencial (livro de bolso com frases de autoajuda)
• Gasparetto (biografia mediúnica)
• Prosperidade Profissional
• Conserto Para uma Alma Só (poesias metafísicas)
• Para Viver Sem Sofrer

Série AMPLITUDE
• Você está Onde se Põe
• Você é Seu Carro
• A Vida lhe Trata como Você se Trata
• A Coragem de se Ver

CALUNGA
• "Um Dedinho de Prosa"
• Tudo pelo Melhor
• Fique com a Luz...
• Verdades do Espírito

LUIZ ANTONIO GASPARETTO EM CD

Aprenda a lidar melhor com as suas emoções para conquistar um maior domínio interior.

Série PRONTO SOCORRO
Autoajuda

1 – Confrontando o Desespero
2 – Confrontando as Grandes Perdas
3 – Confrontando a Depressão
4 – Confrontando o Fracasso
5 – Confrontando o Medo
6 – Confrontando a Solidão
7 – Confrontando as Críticas
8 – Confrontando a Ansiedade
9 – Confrontando a Vergonha
10 – Confrontando a Desilusão

Série VIAGEM INTERIOR (nº 1, nº 2 e nº 3)
Autoajuda • Exercícios de Meditação

Por meio de exercícios de meditação, mergulhe dentro de você e descubra a força de sua essência espiritual e da sabedoria. Experimente e verá como você pode desfrutar de saúde, paz e felicidade desde já.

Série GASPARETTO
Prosperidade

Aprenda a usar as leis da prosperidade. Desenvolva o pensamento positivo corretamente. Descubra como obter o sucesso que é seu de direito, em todos os aspectos de sua vida.

Rua Agostinho Gomes, 2312
Ipiranga • CEP 04206-001
São Paulo • SP • Brasil
Fone / Fax: (11) 3577-3200 / 3577-3201
E-mail: editora@vidaeconsciencia.com.br
Site: www.vidaeconsciencia.com.br